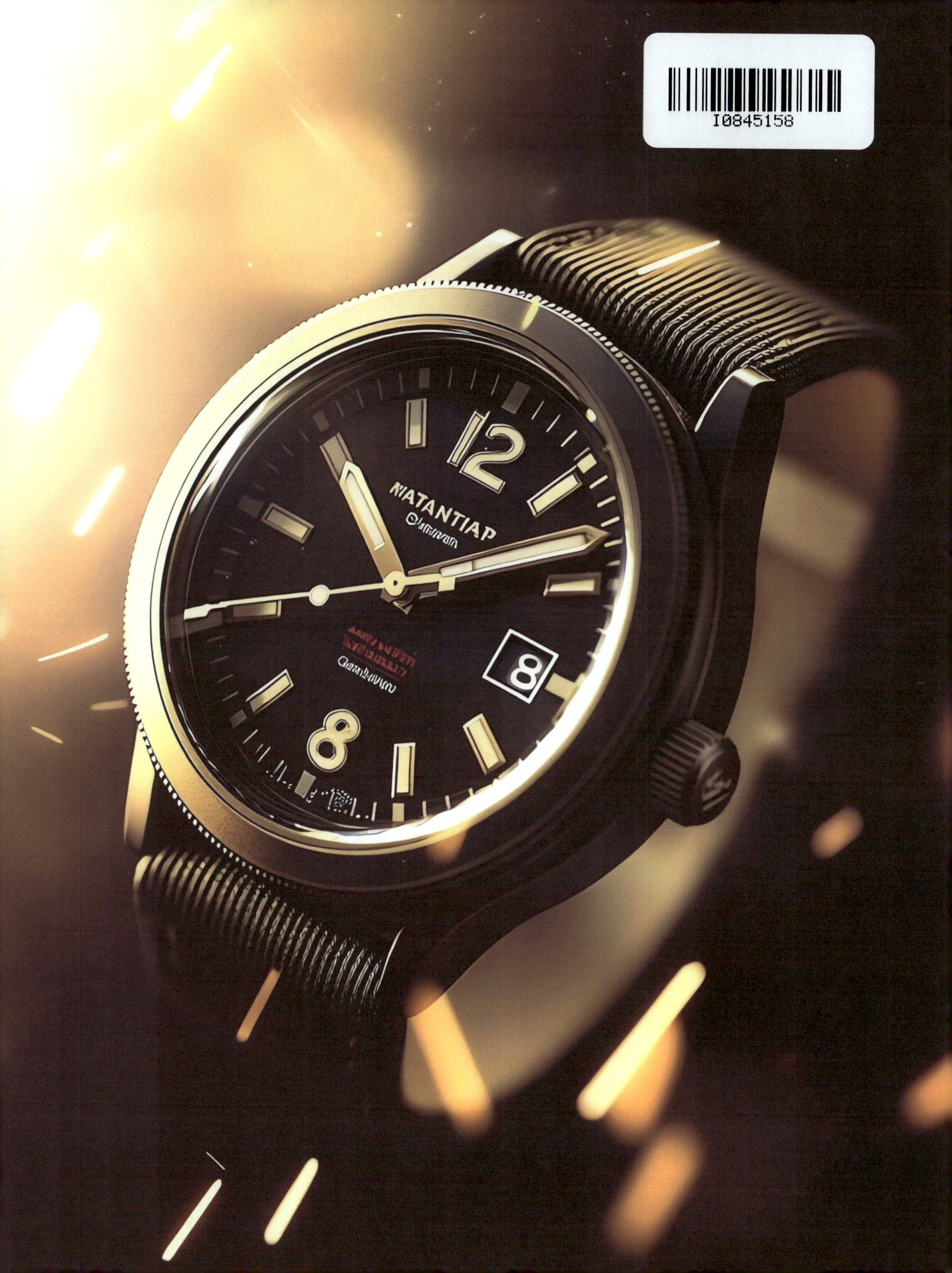

I0845158

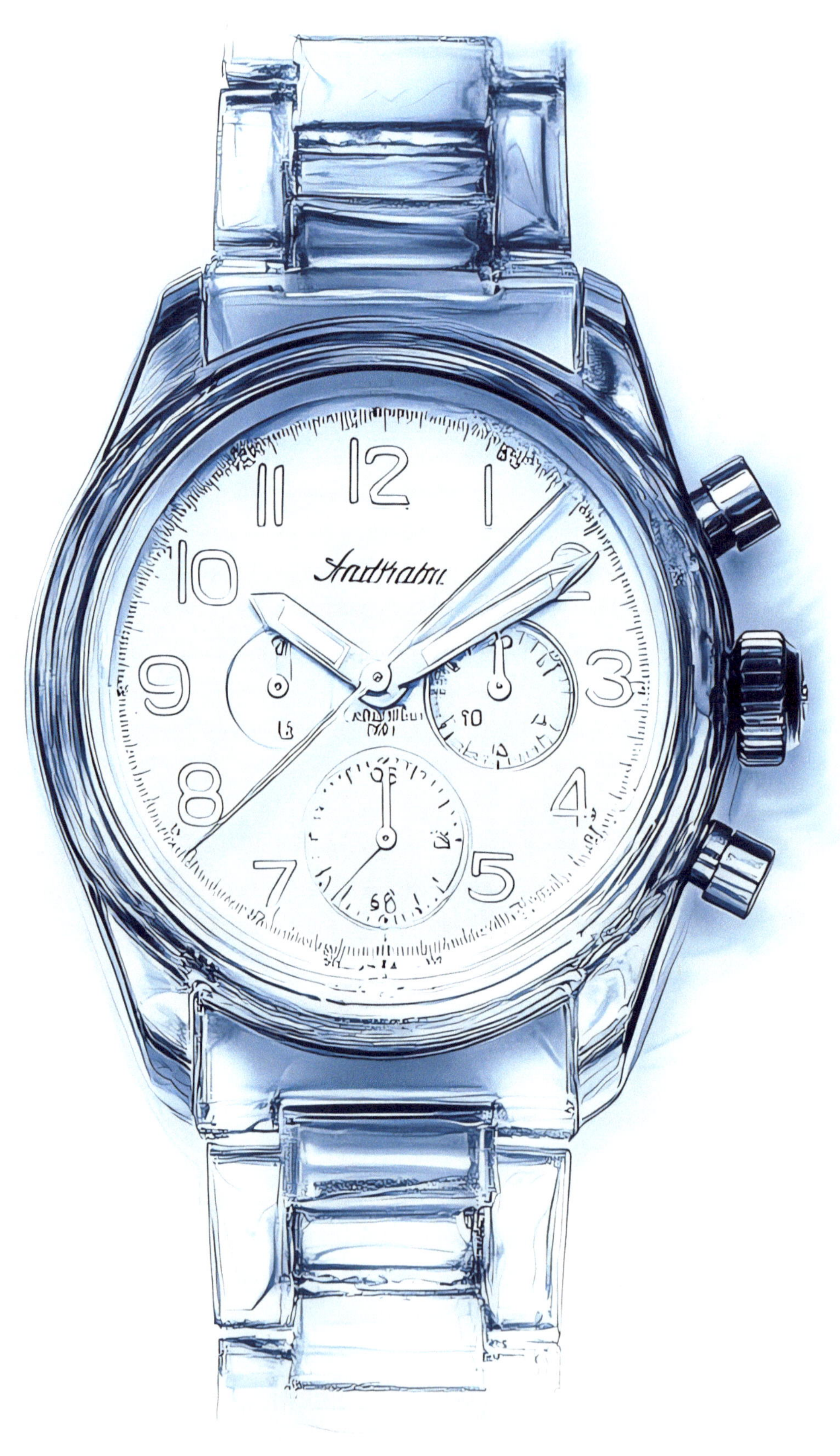

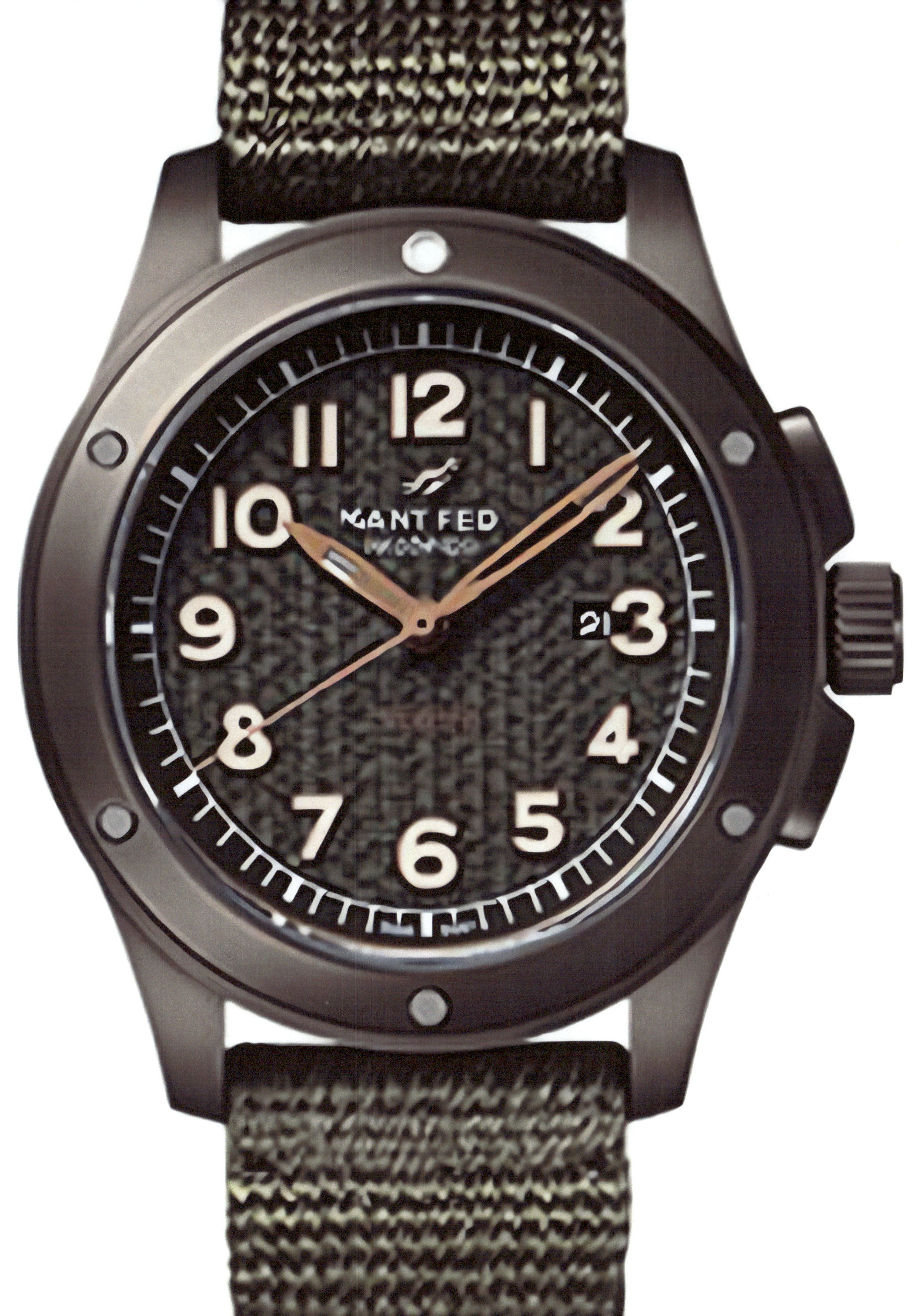

12
1
2
3
4
5
6
7
8
9
10
11
MANTFED
MONACO

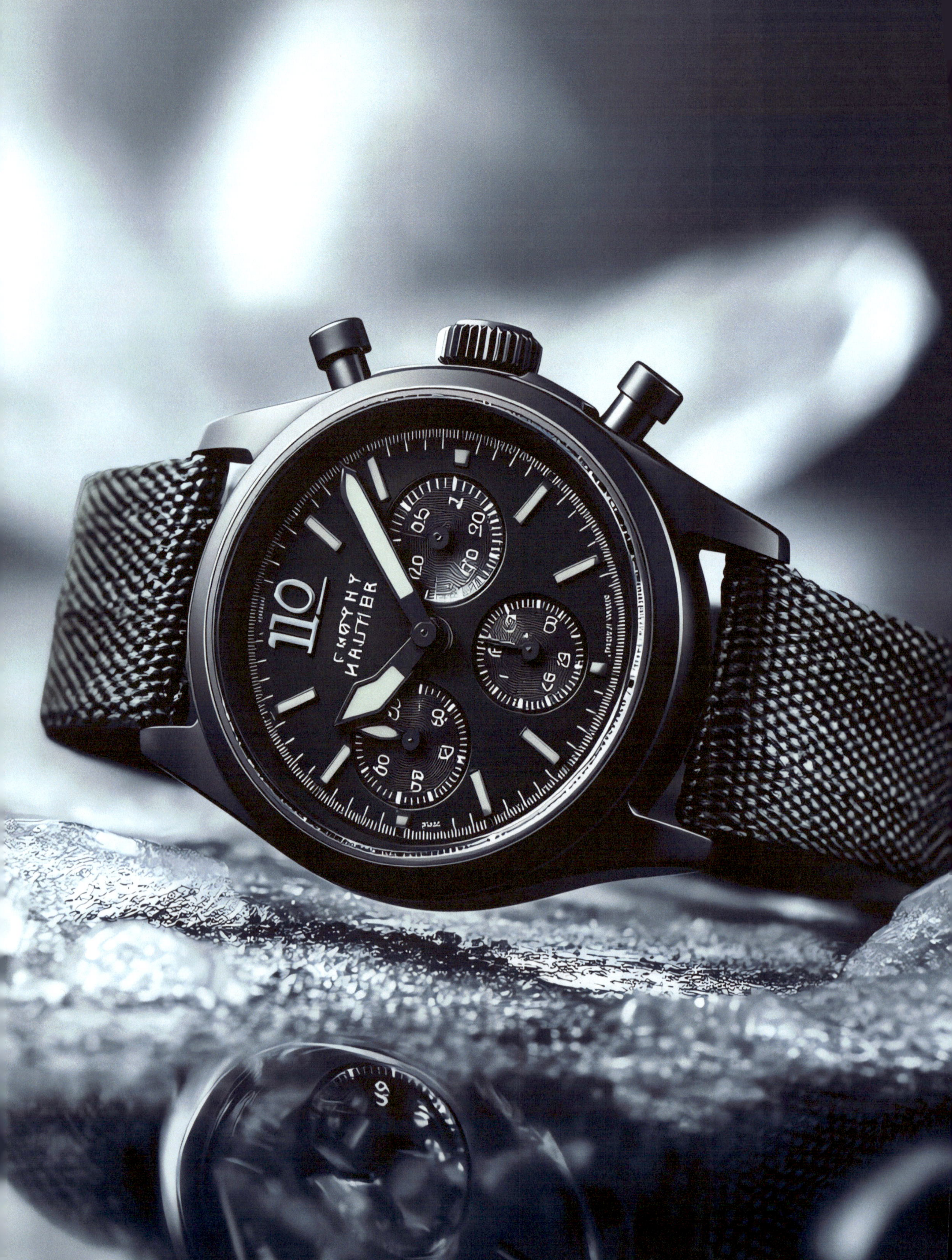

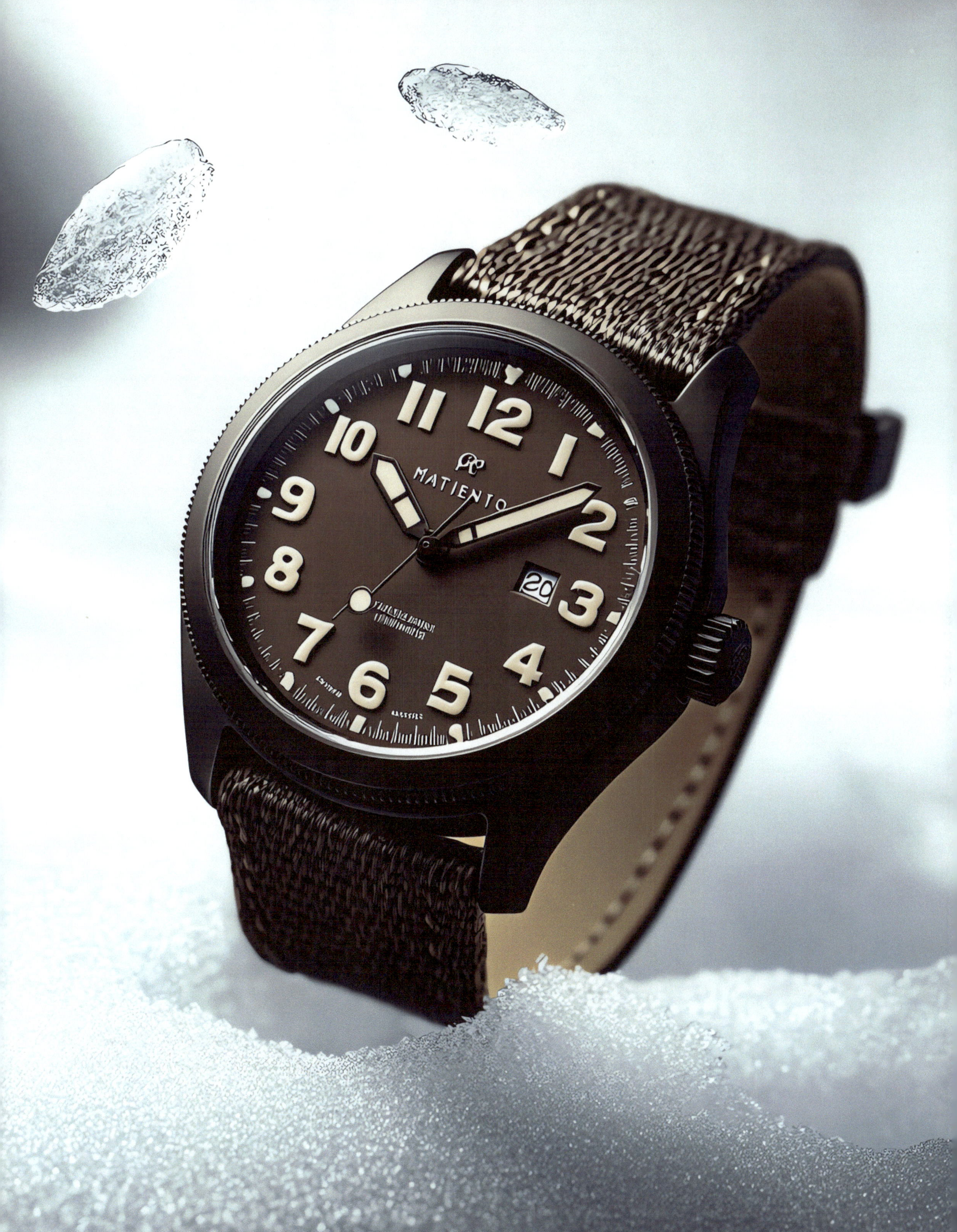
MATIENTO

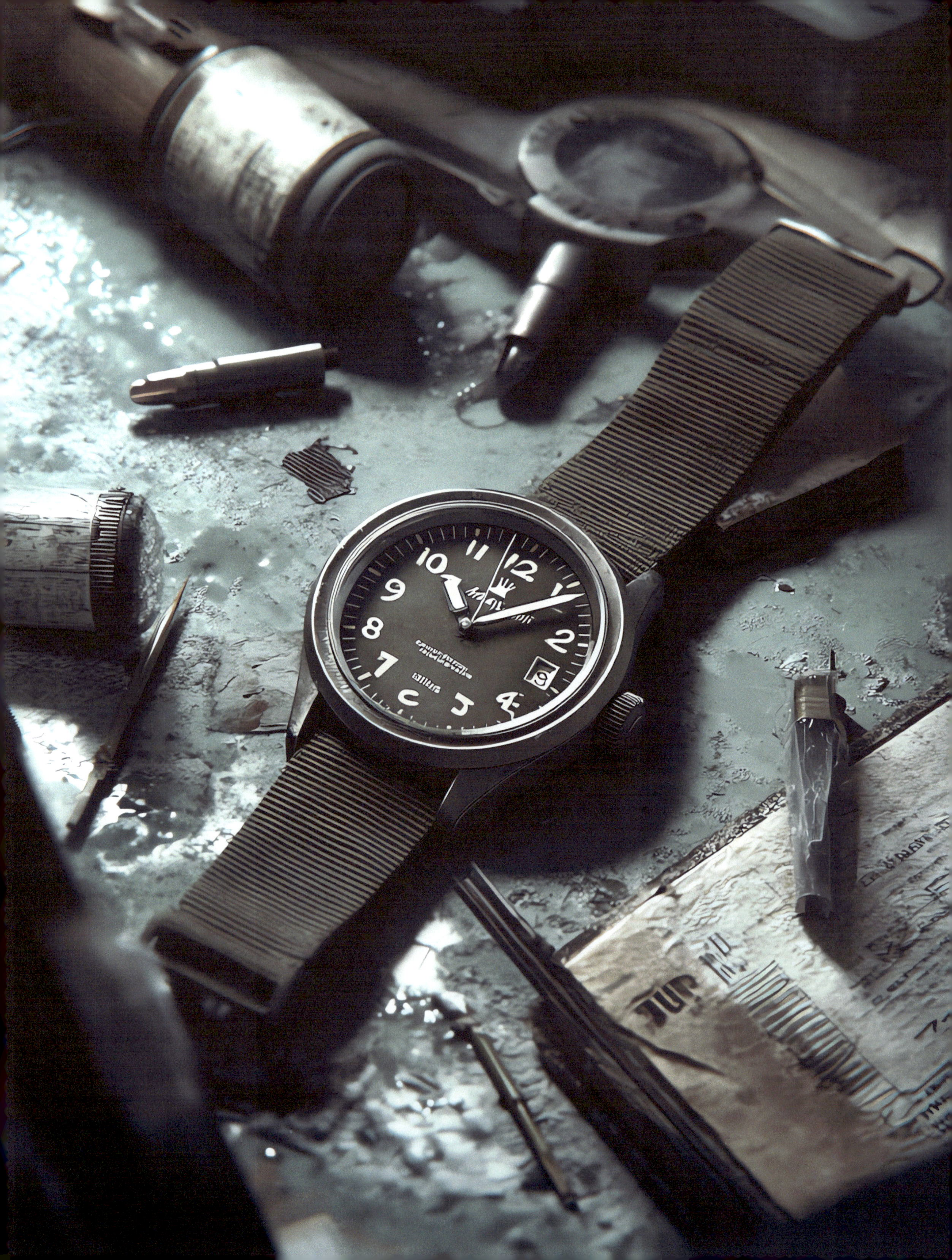

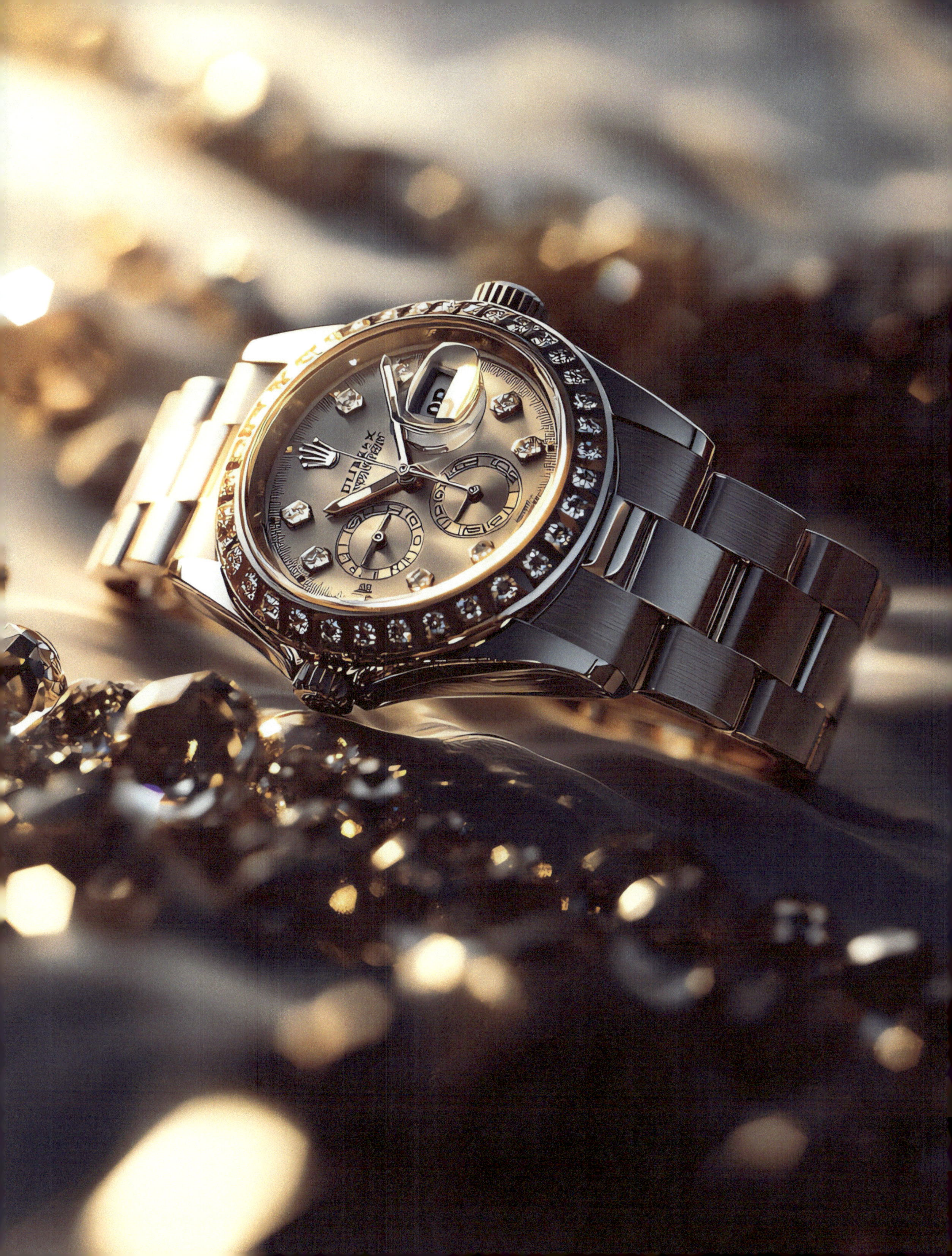

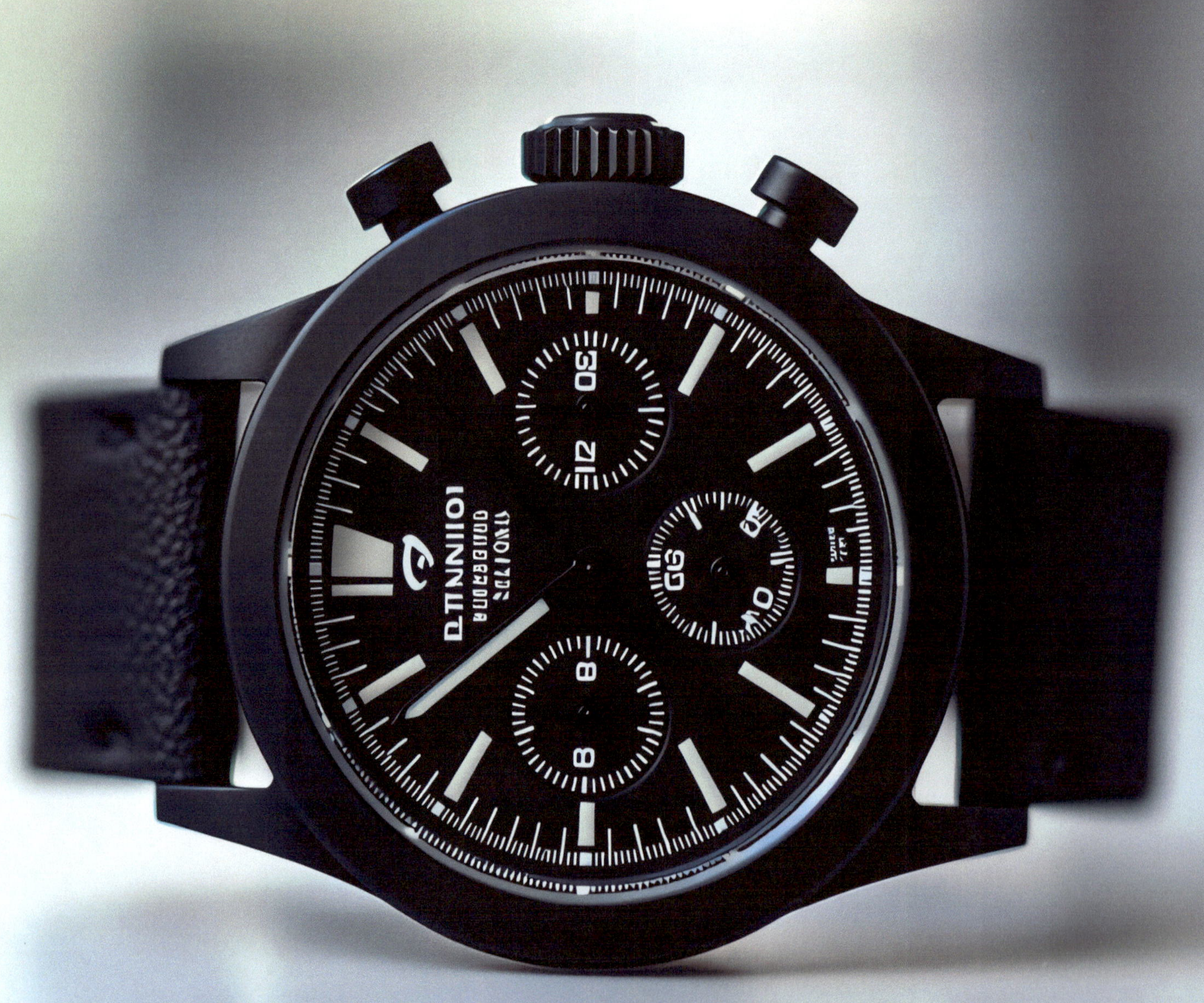

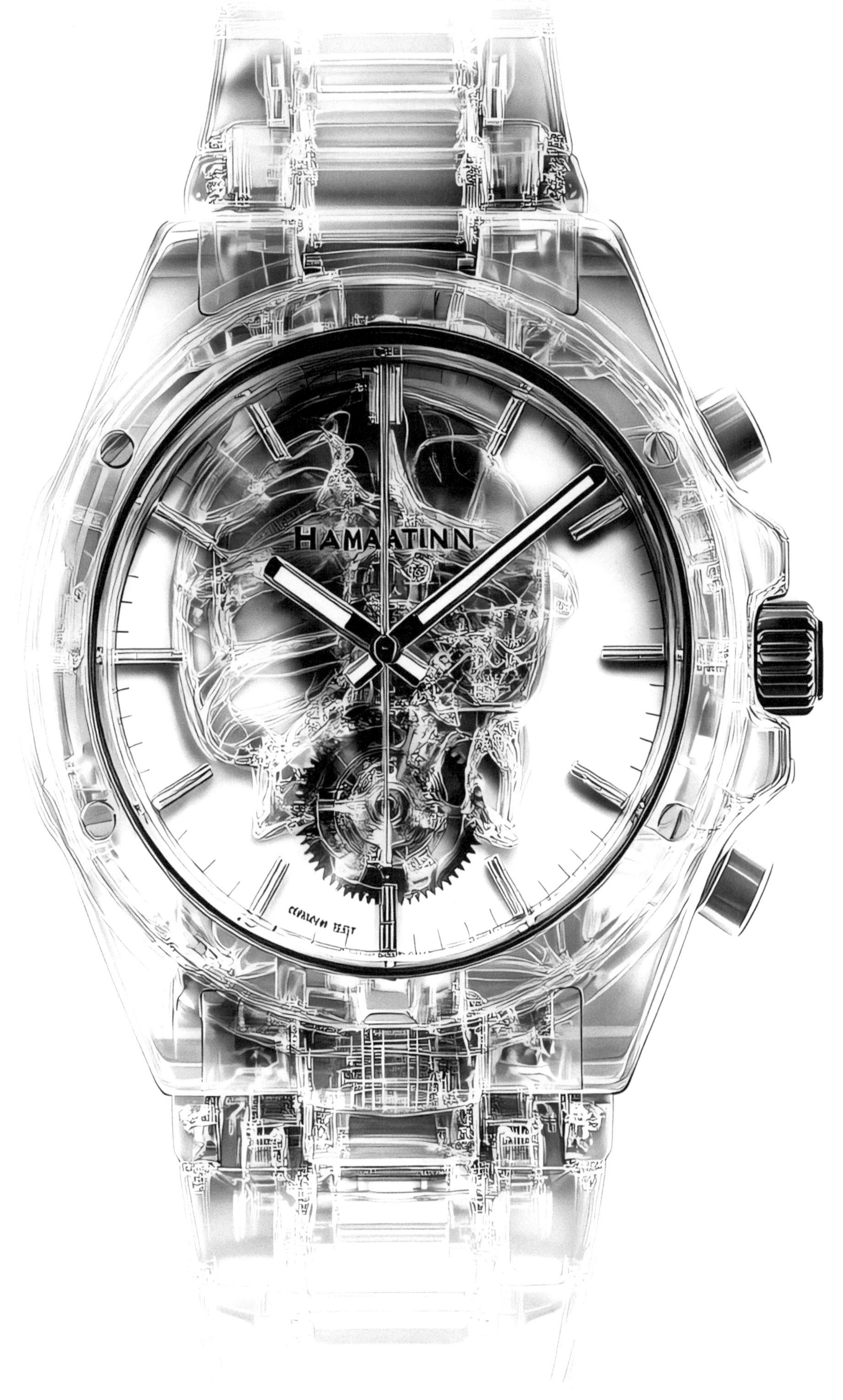

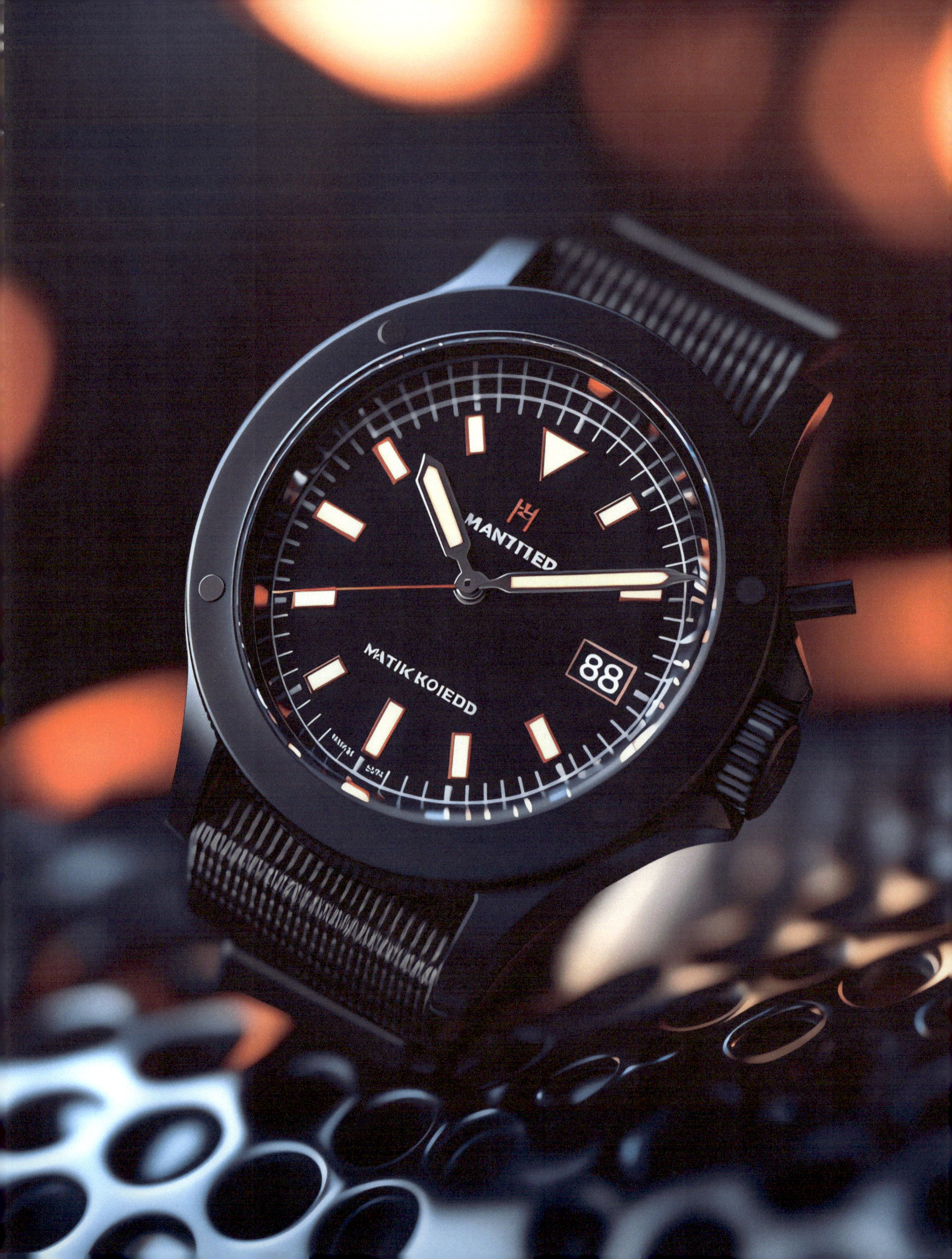

MANTTED
MATIK KOIEDD
88

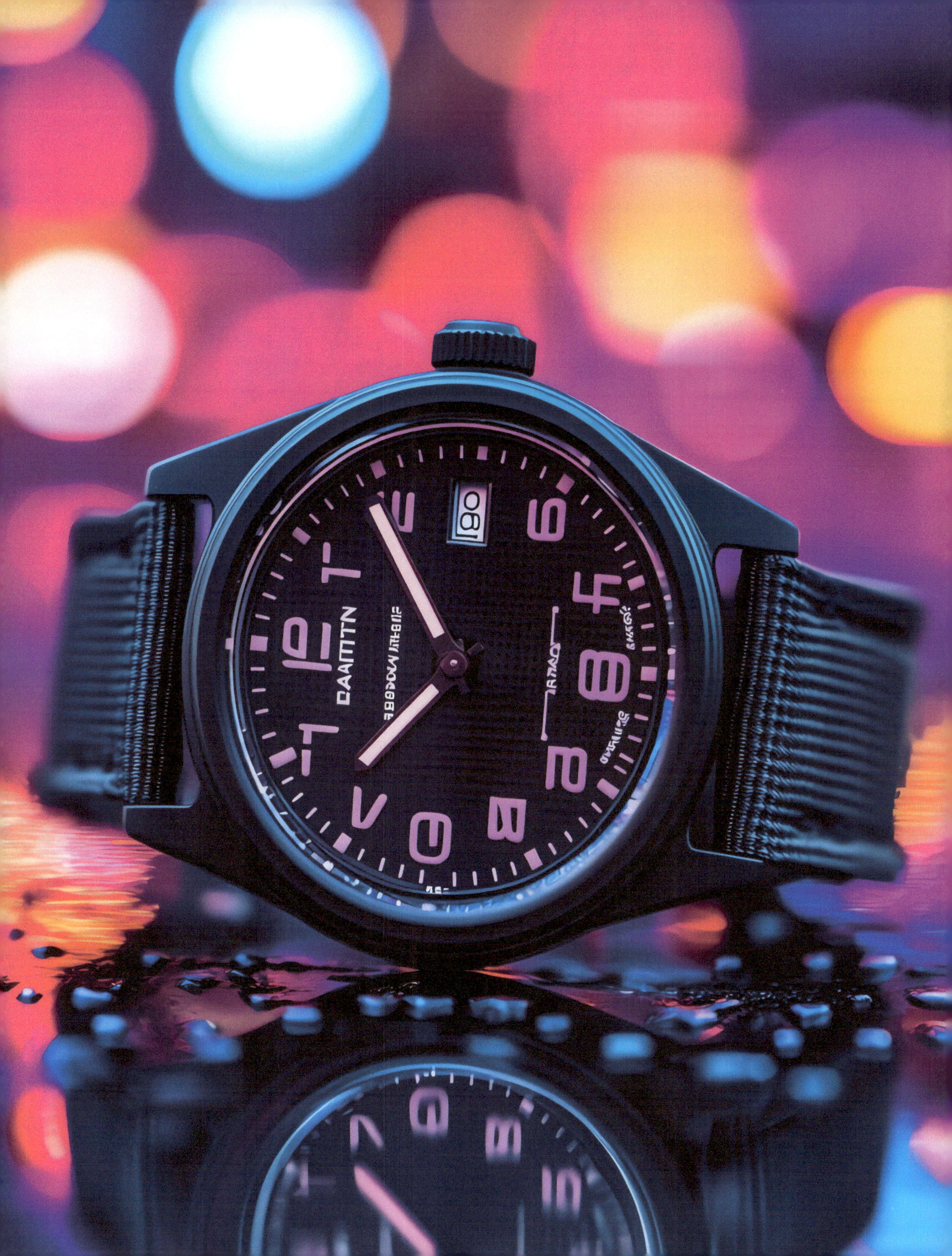

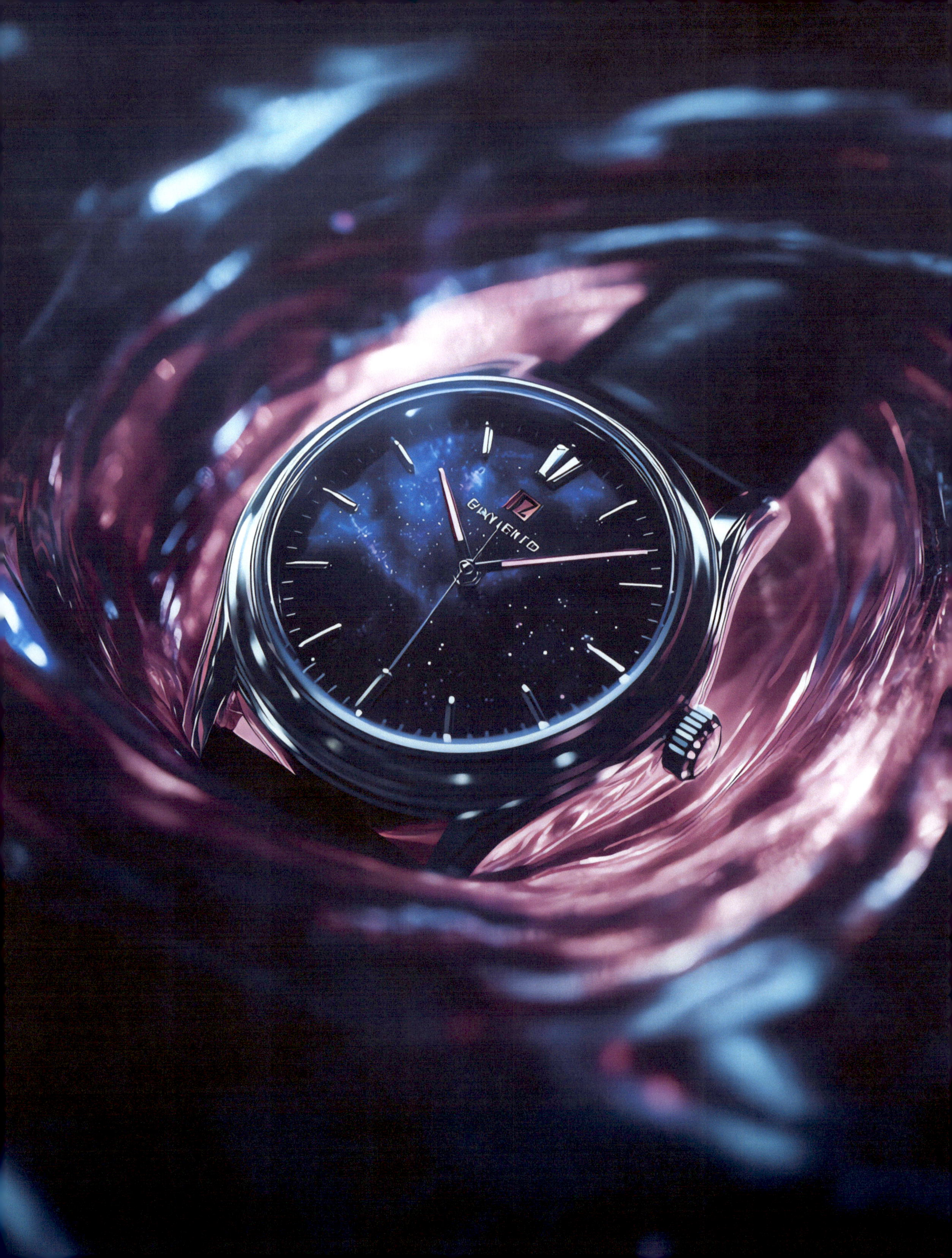

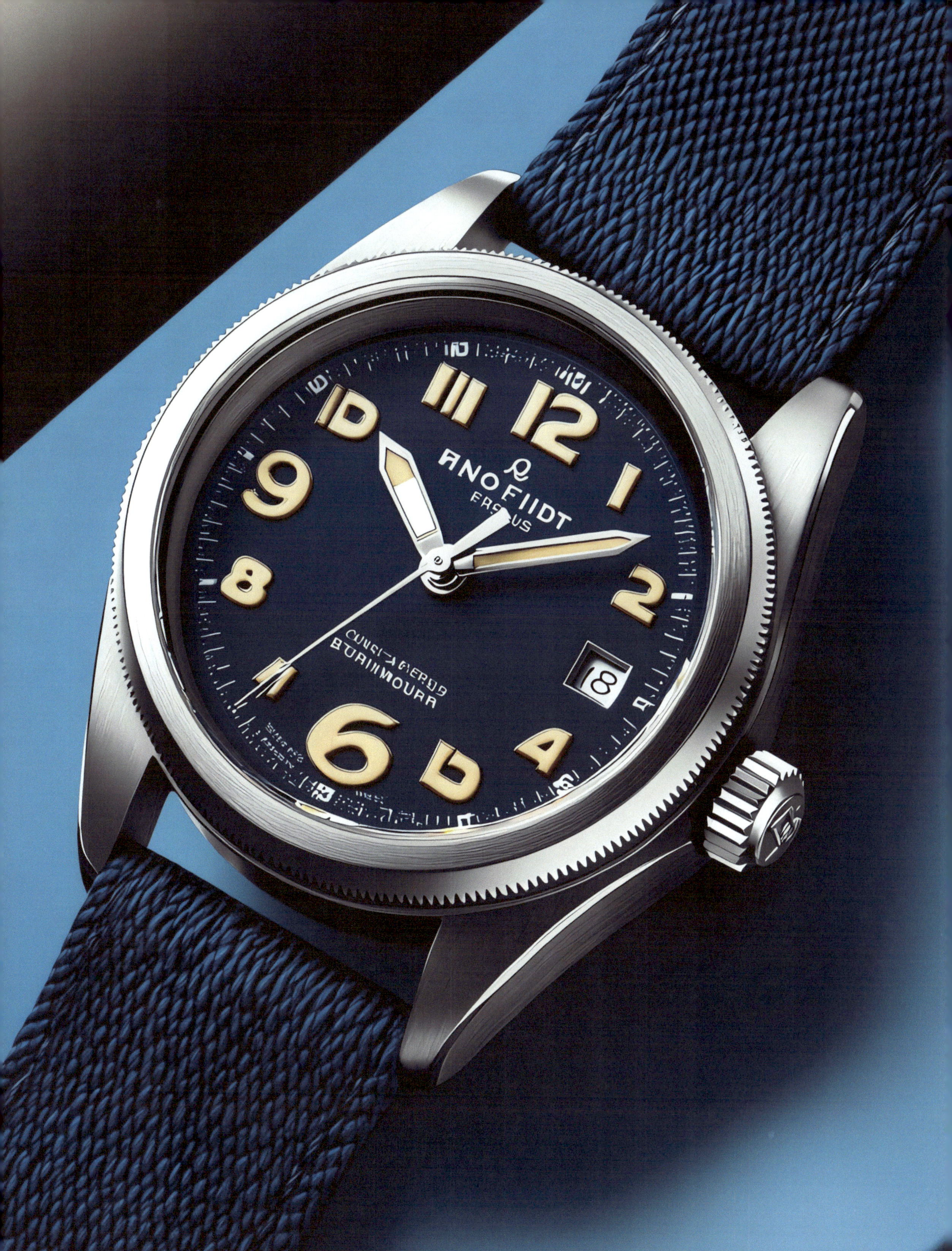

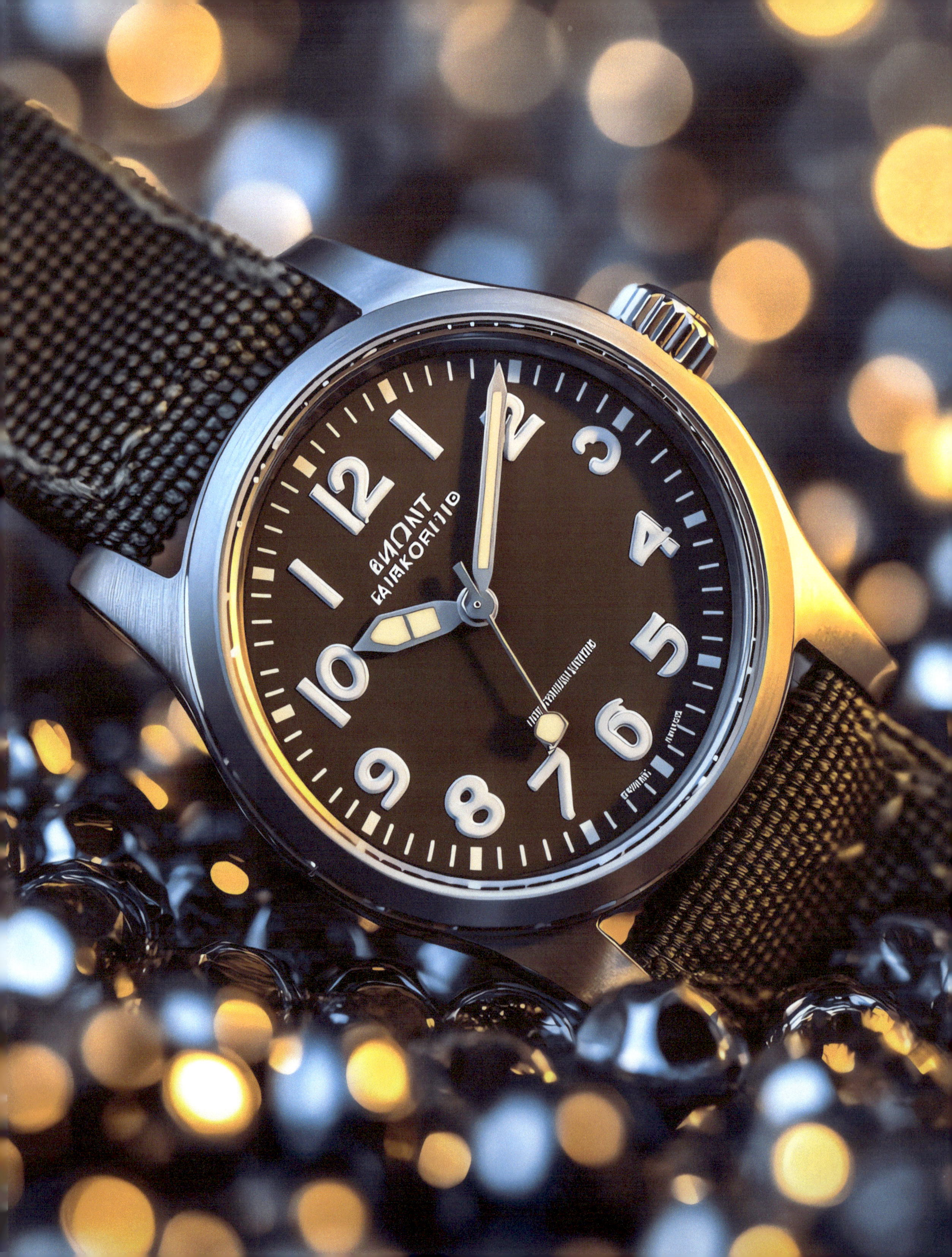

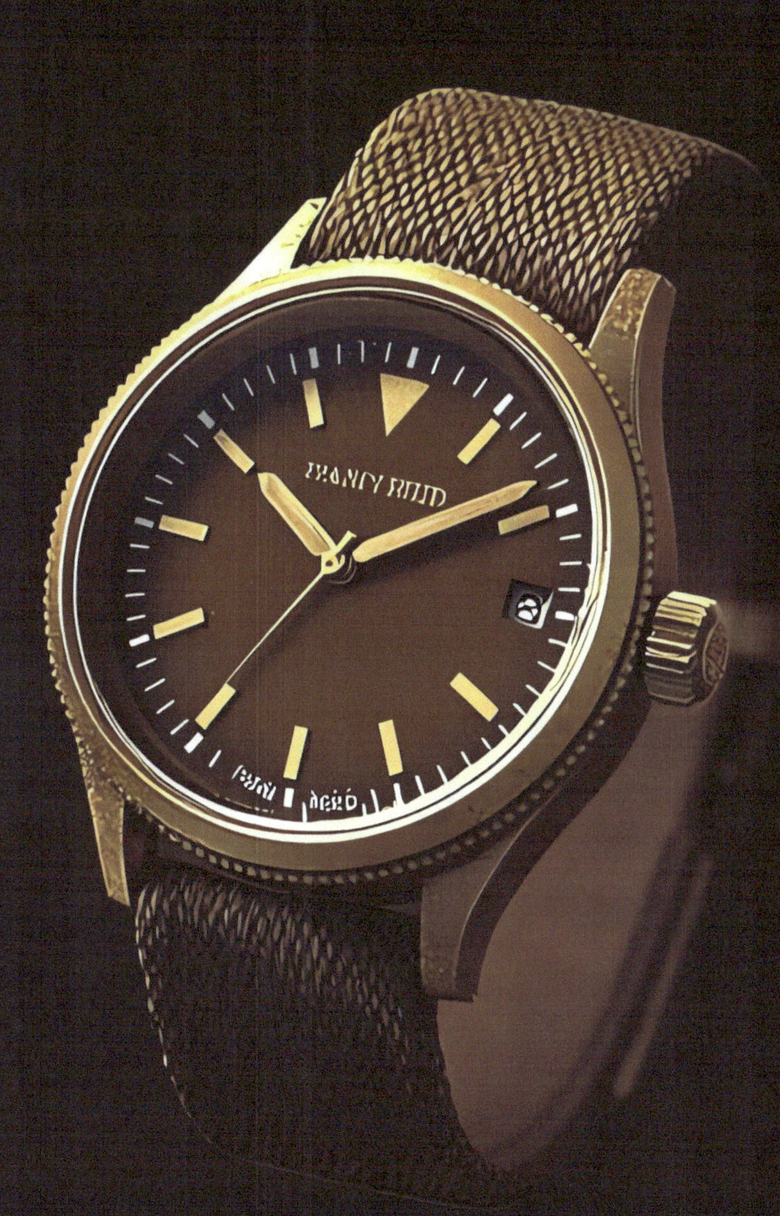

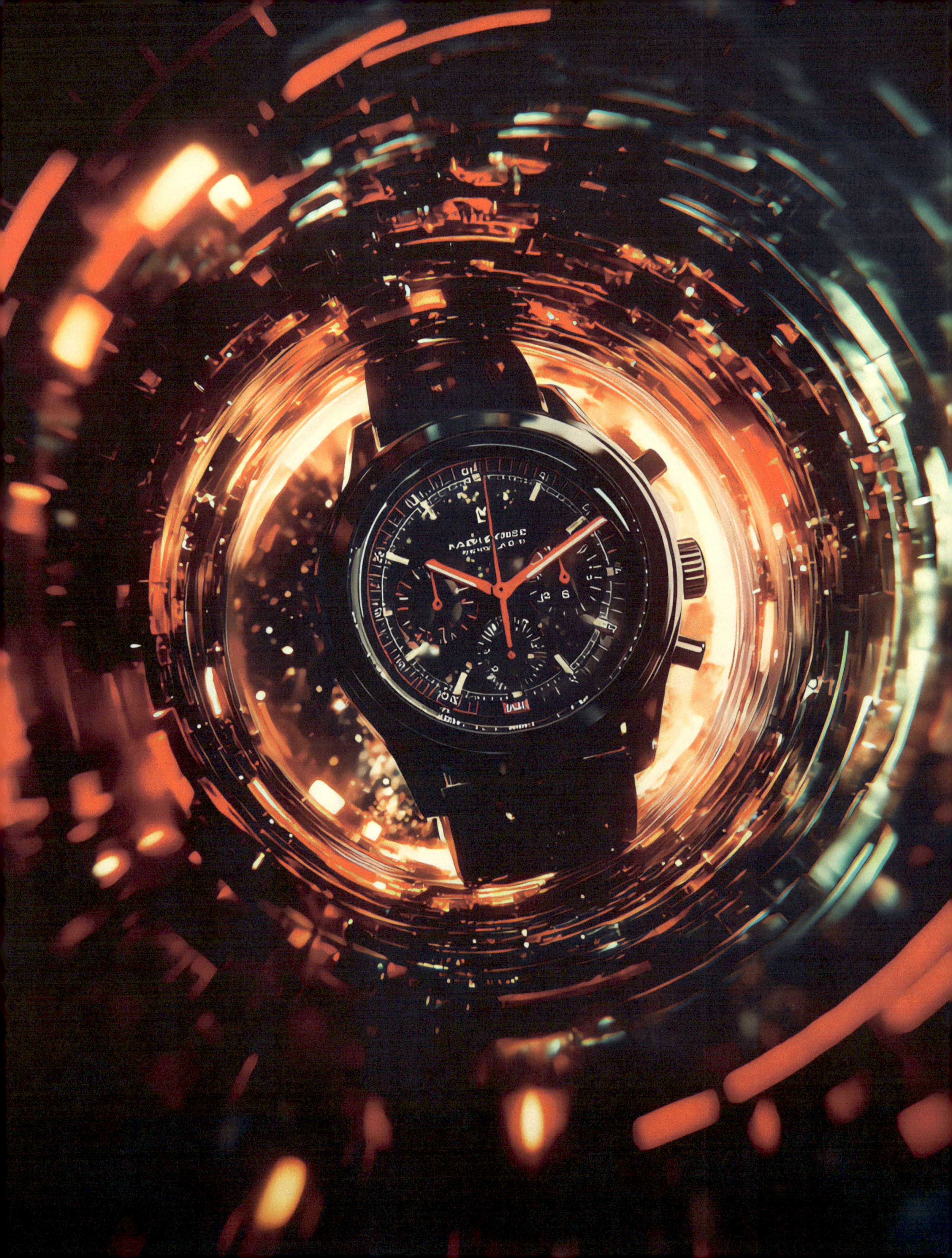

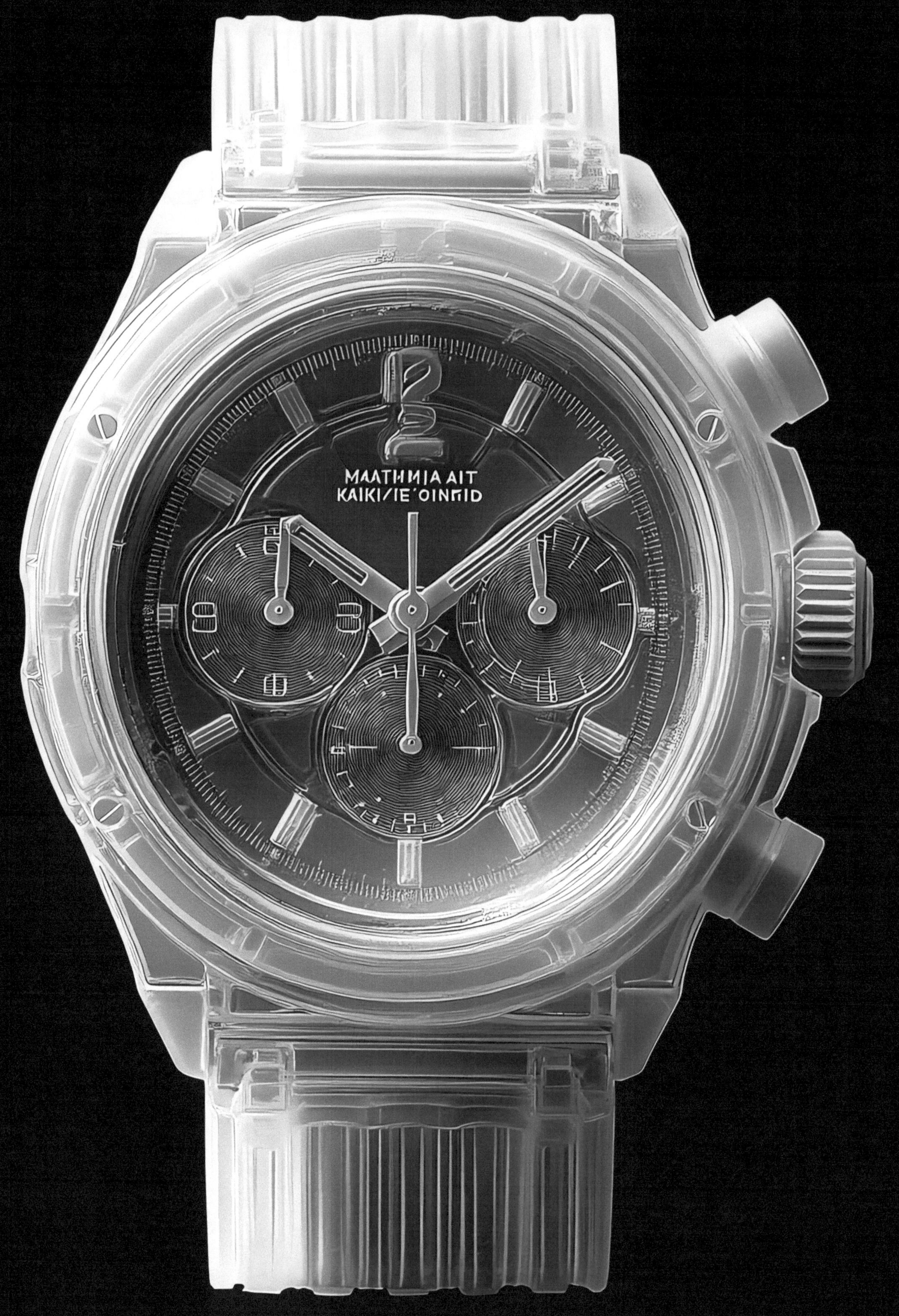

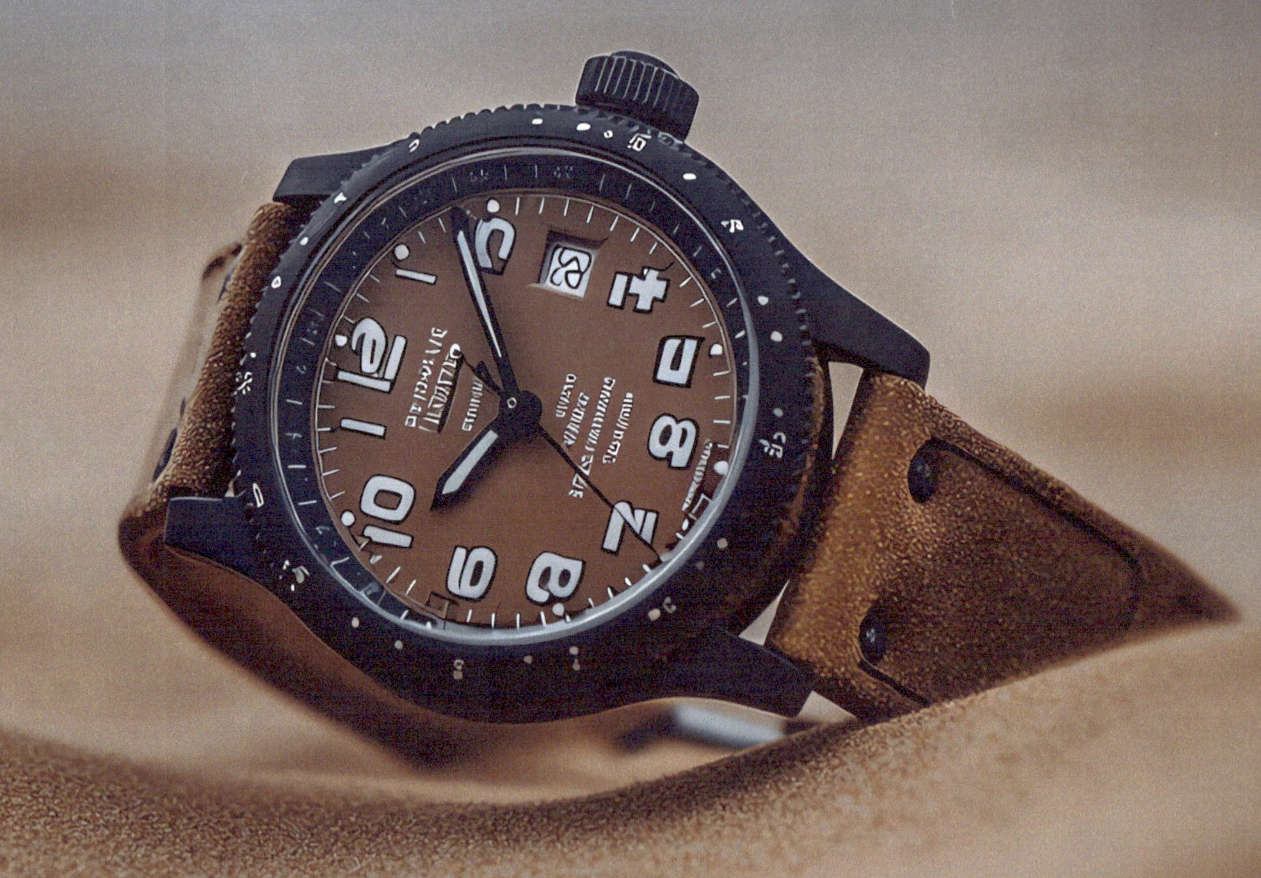

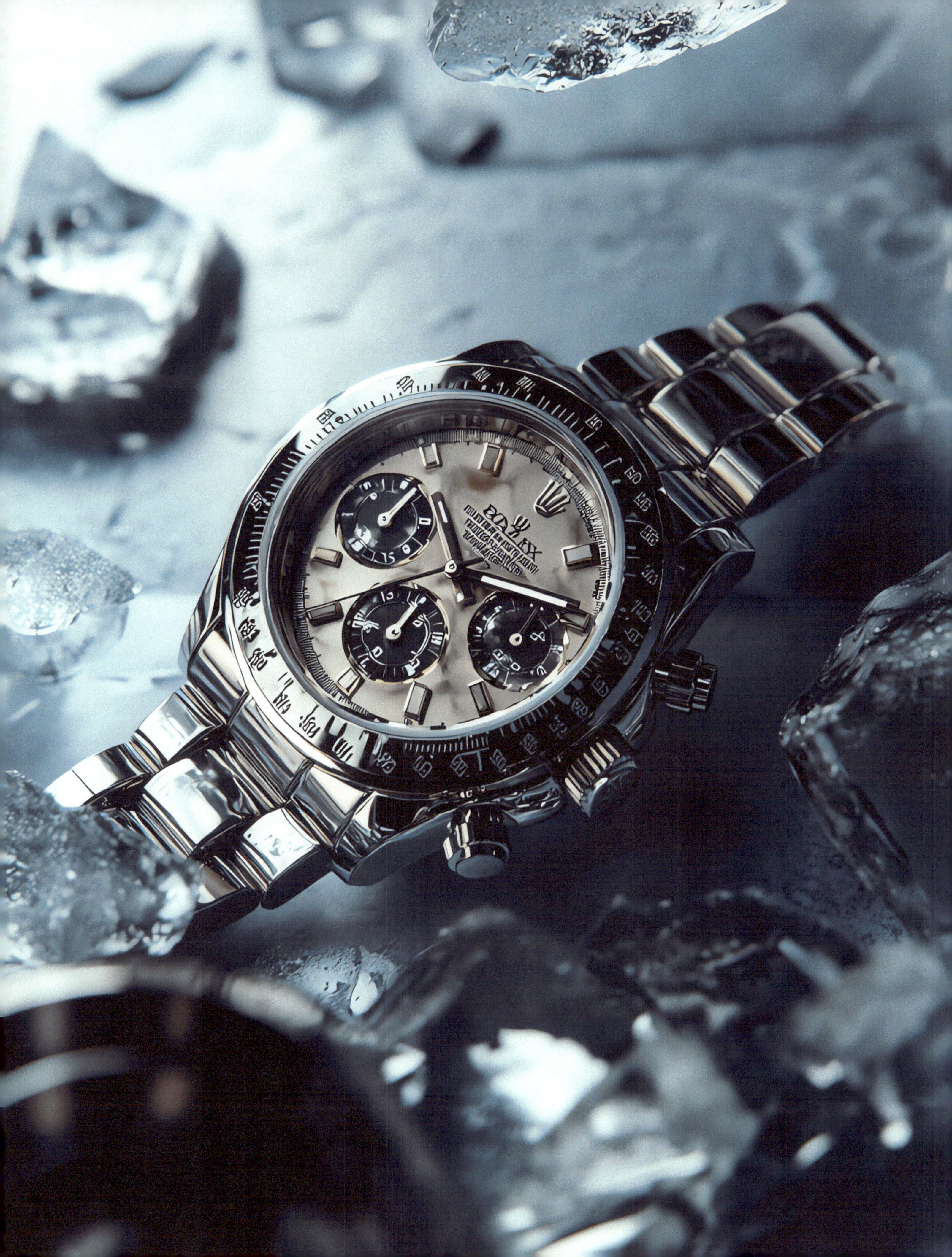

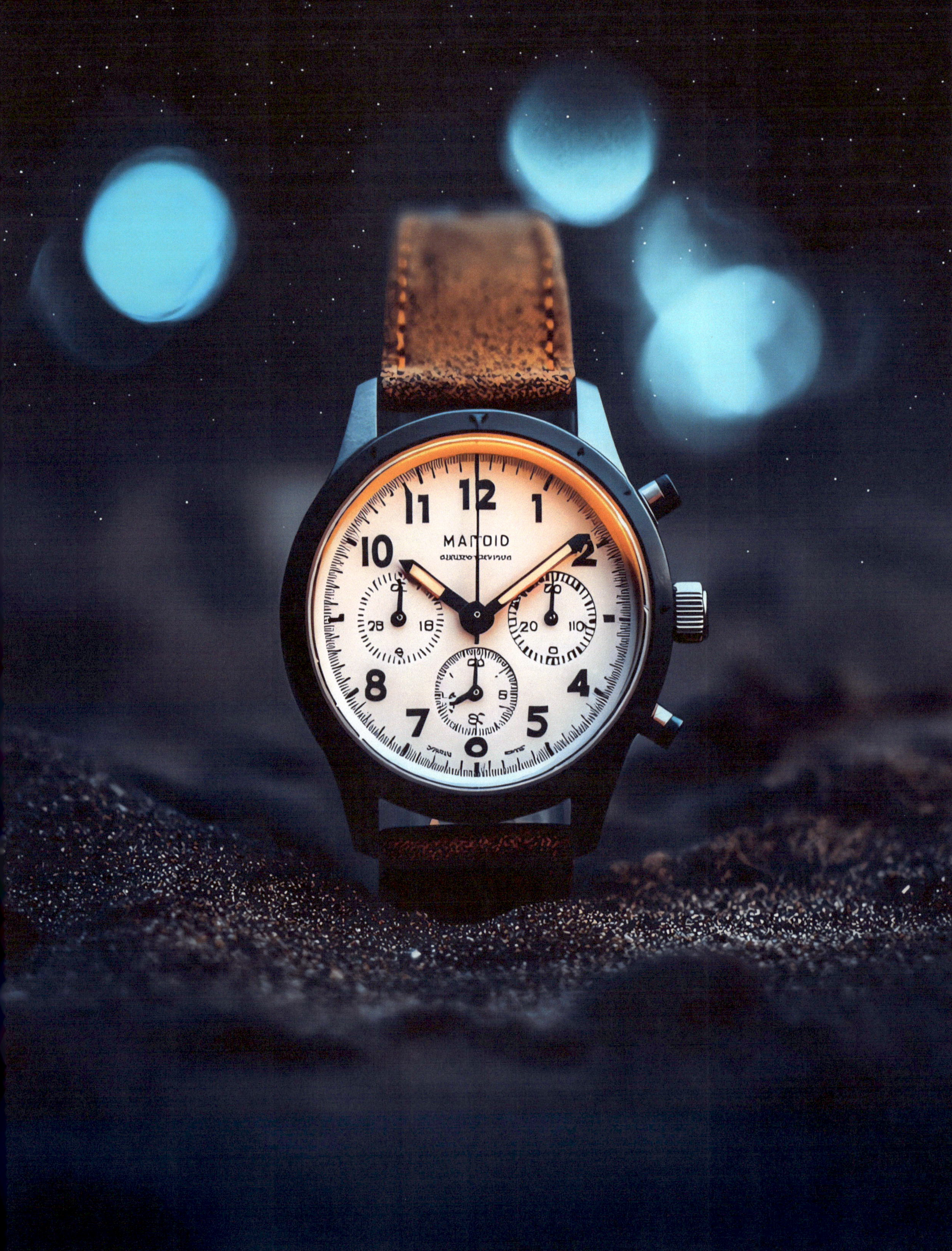

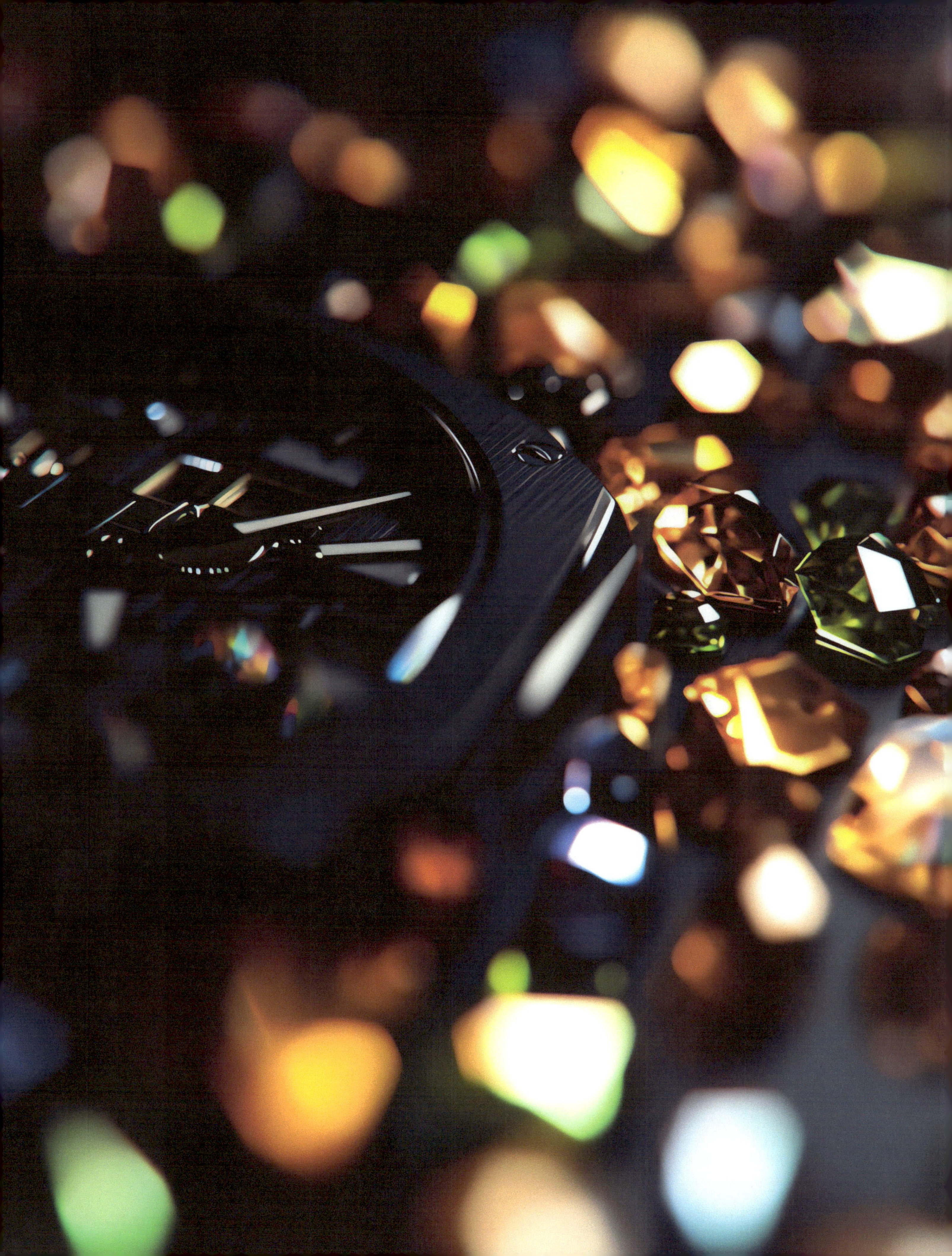

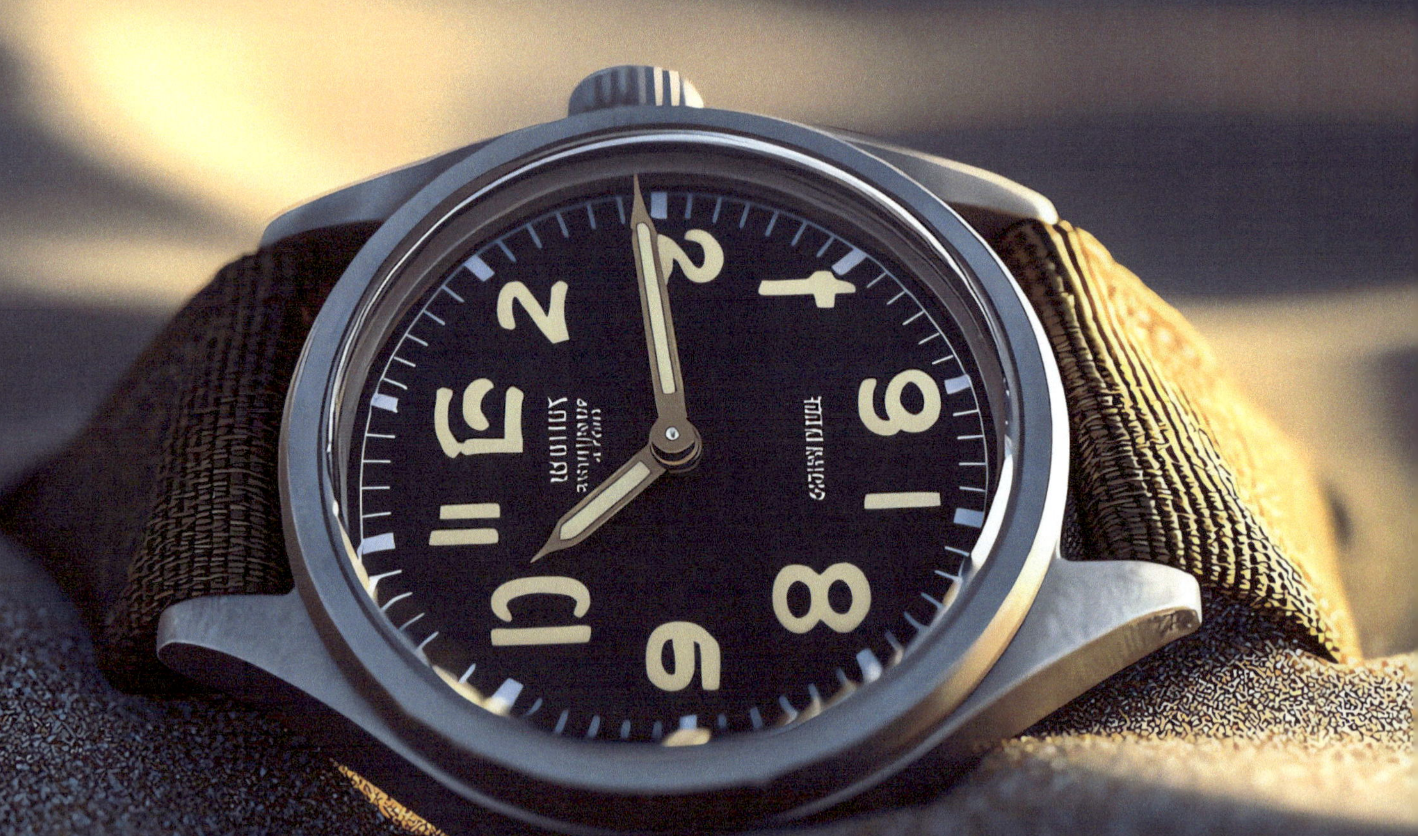

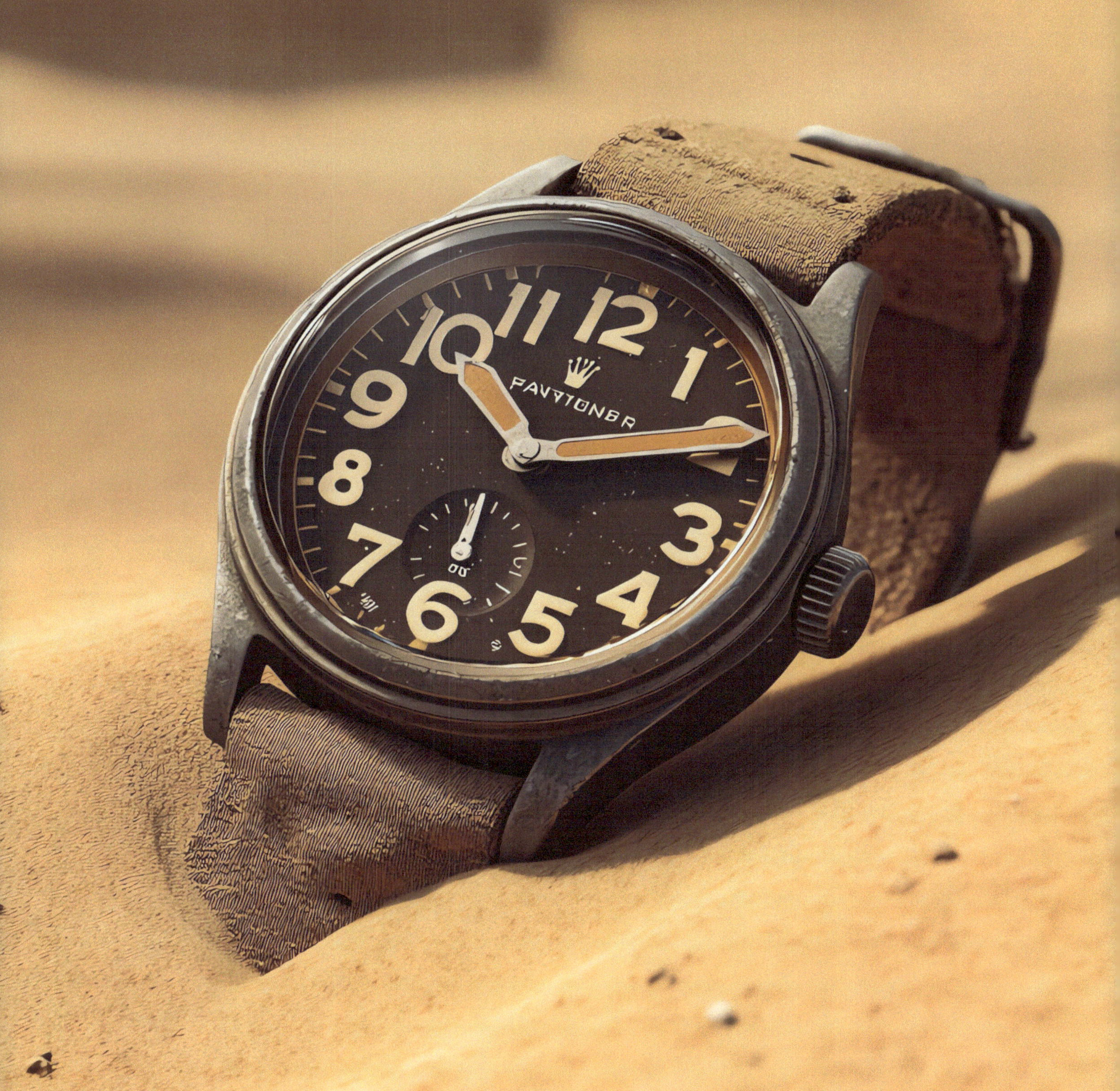

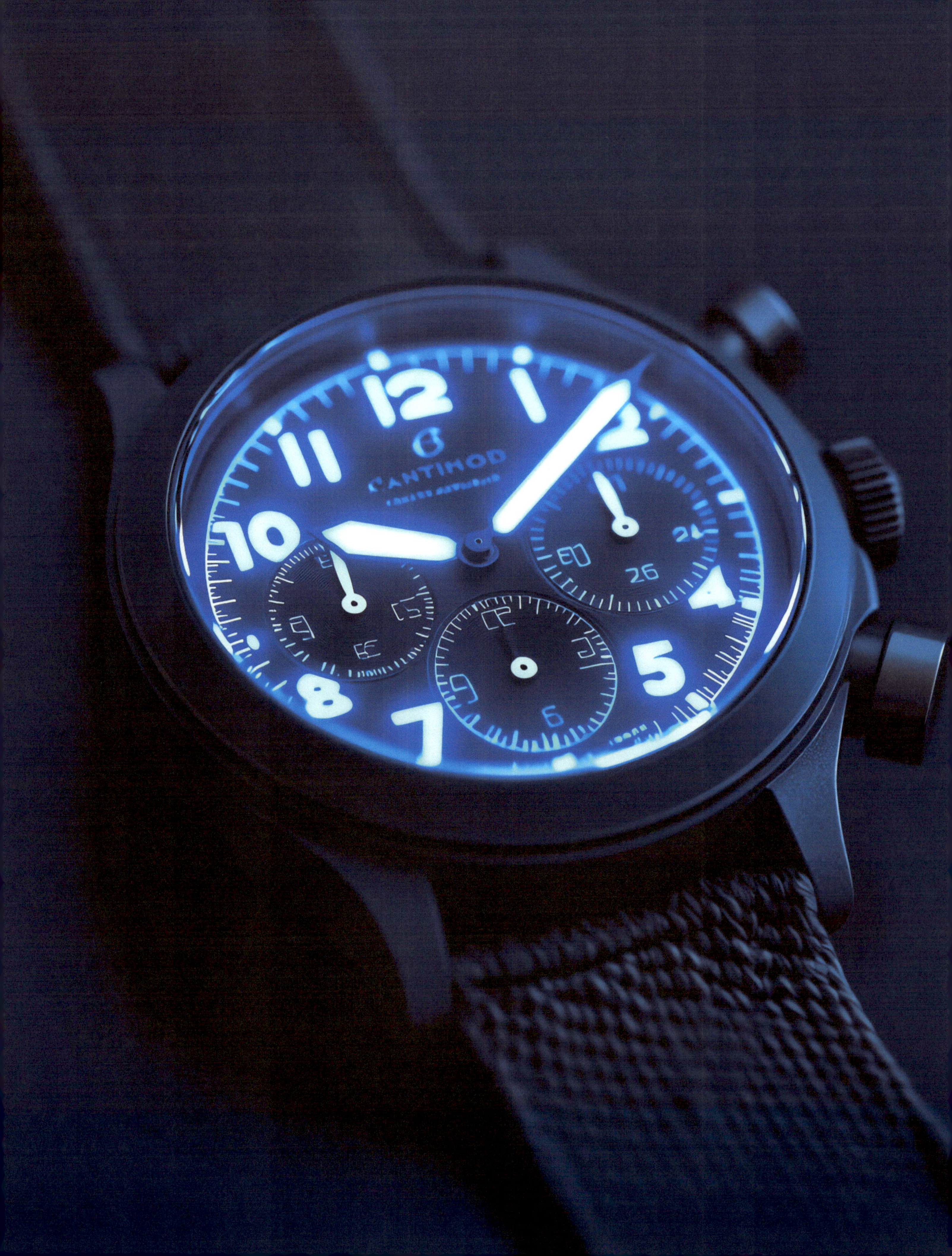

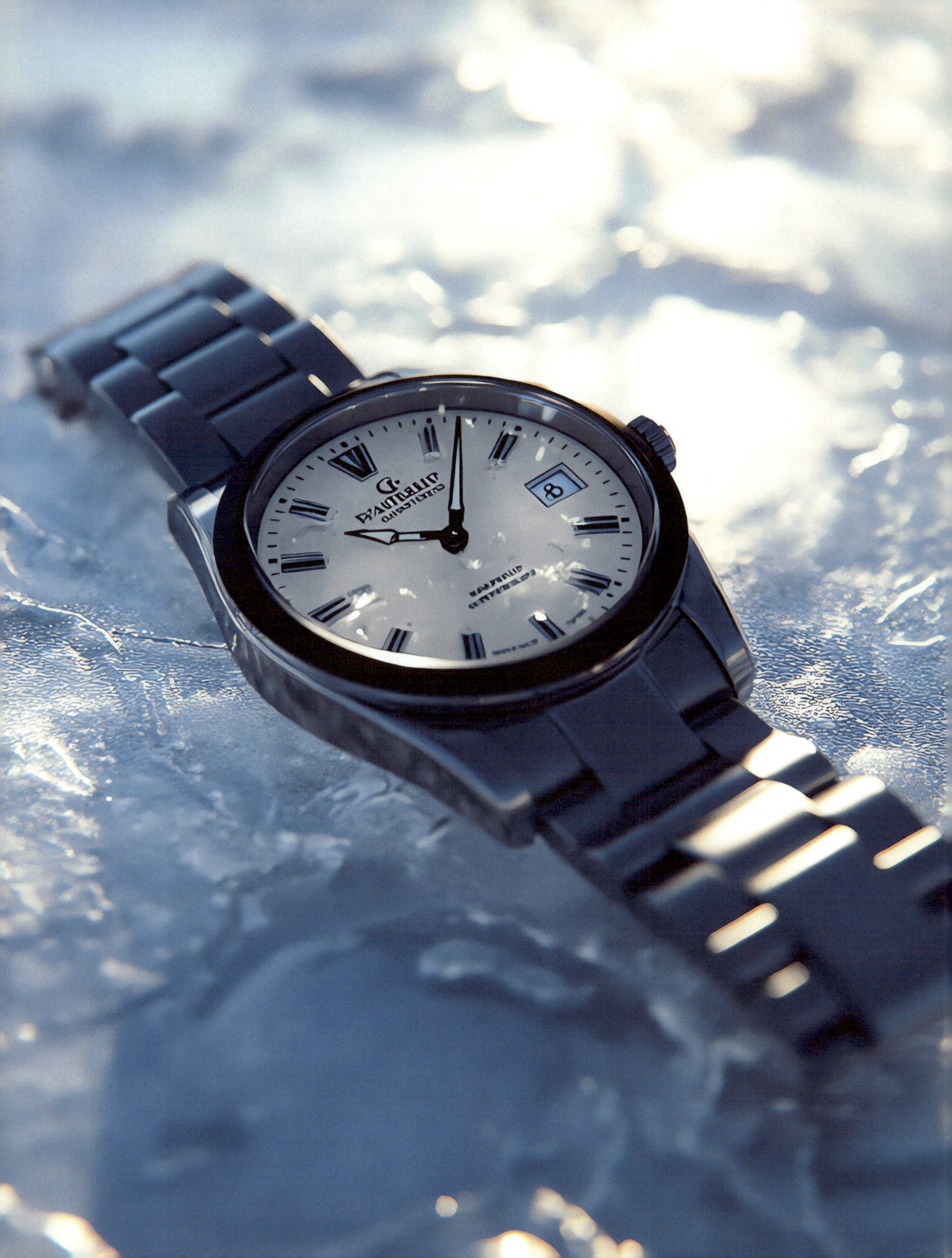

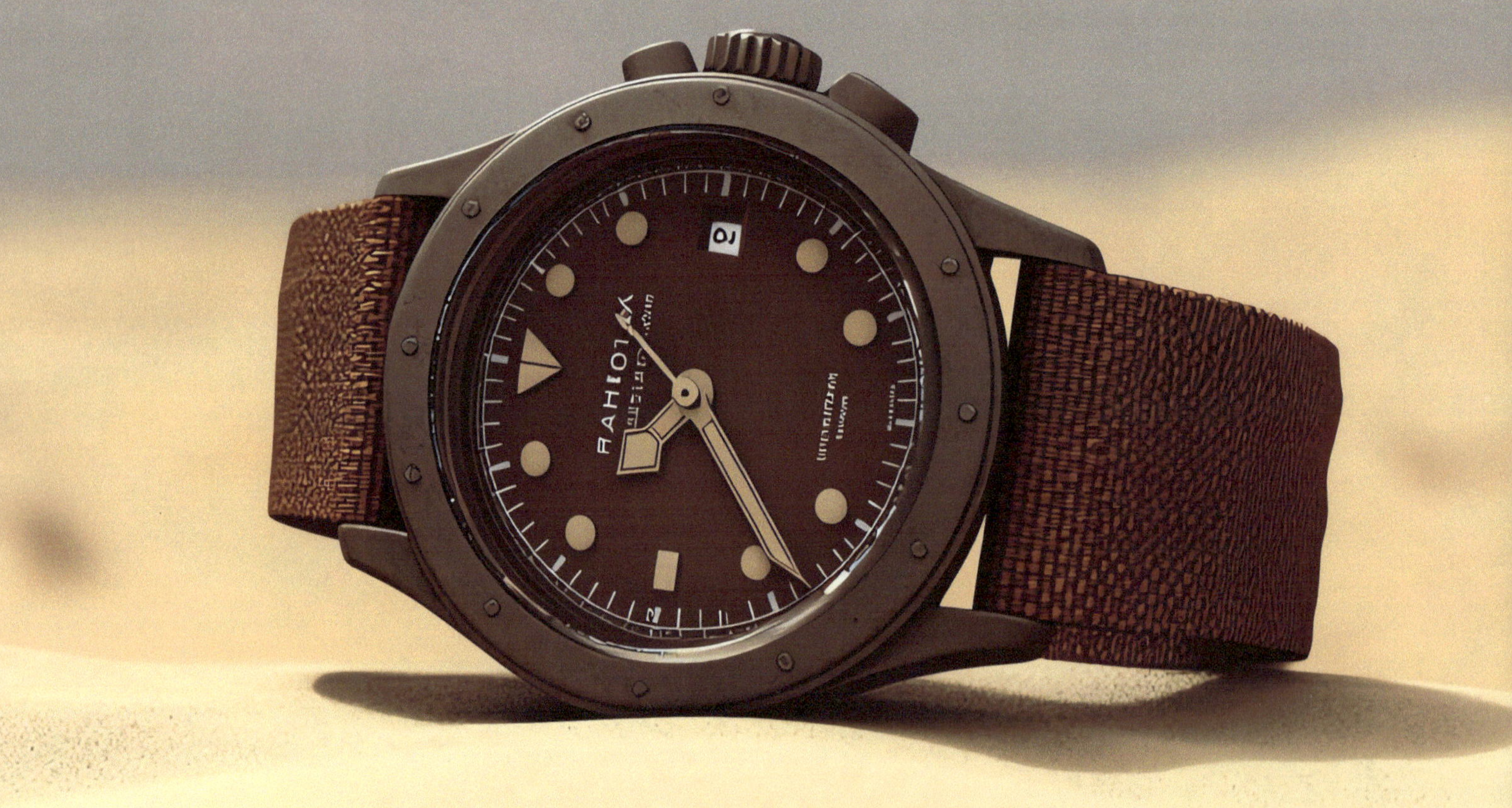

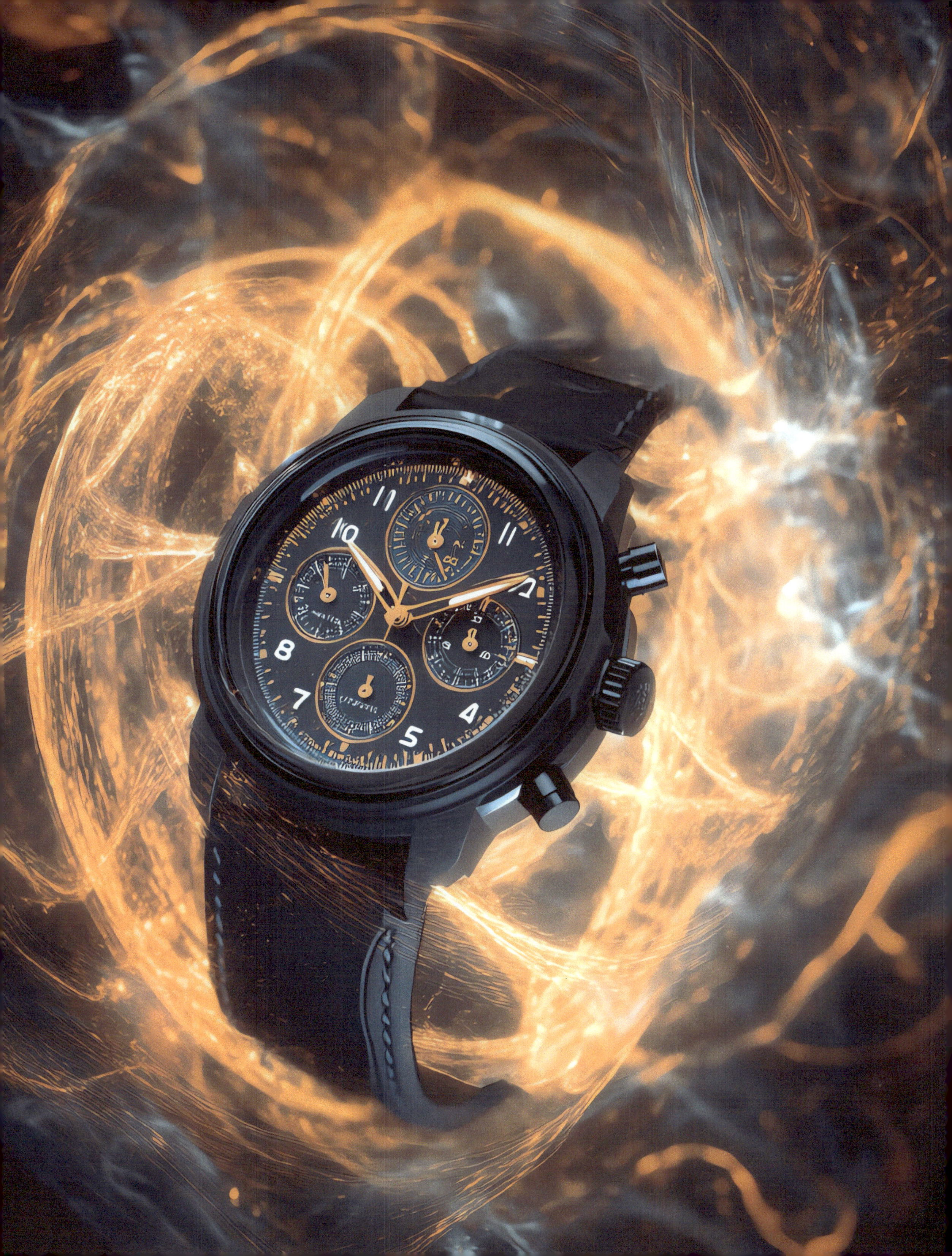

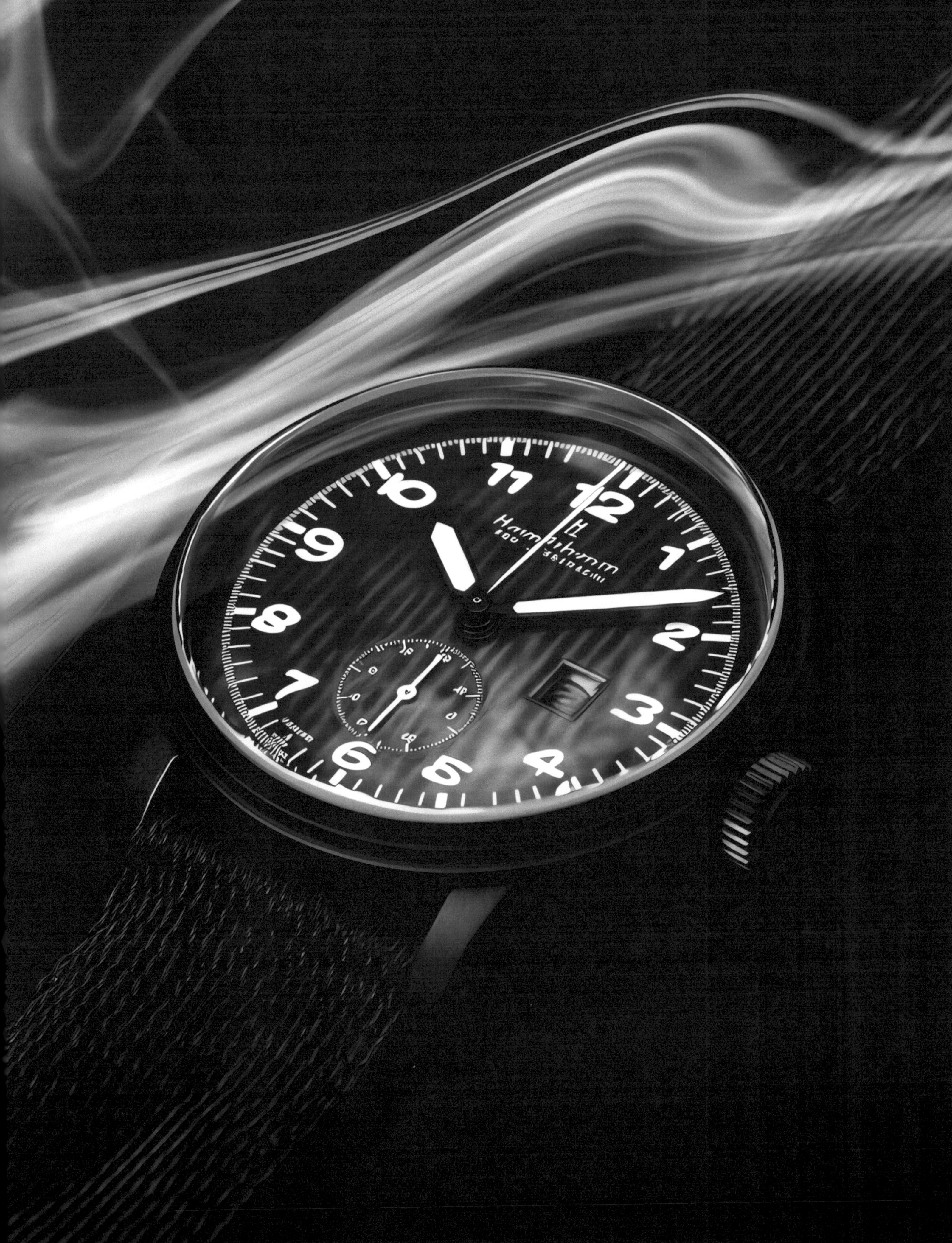

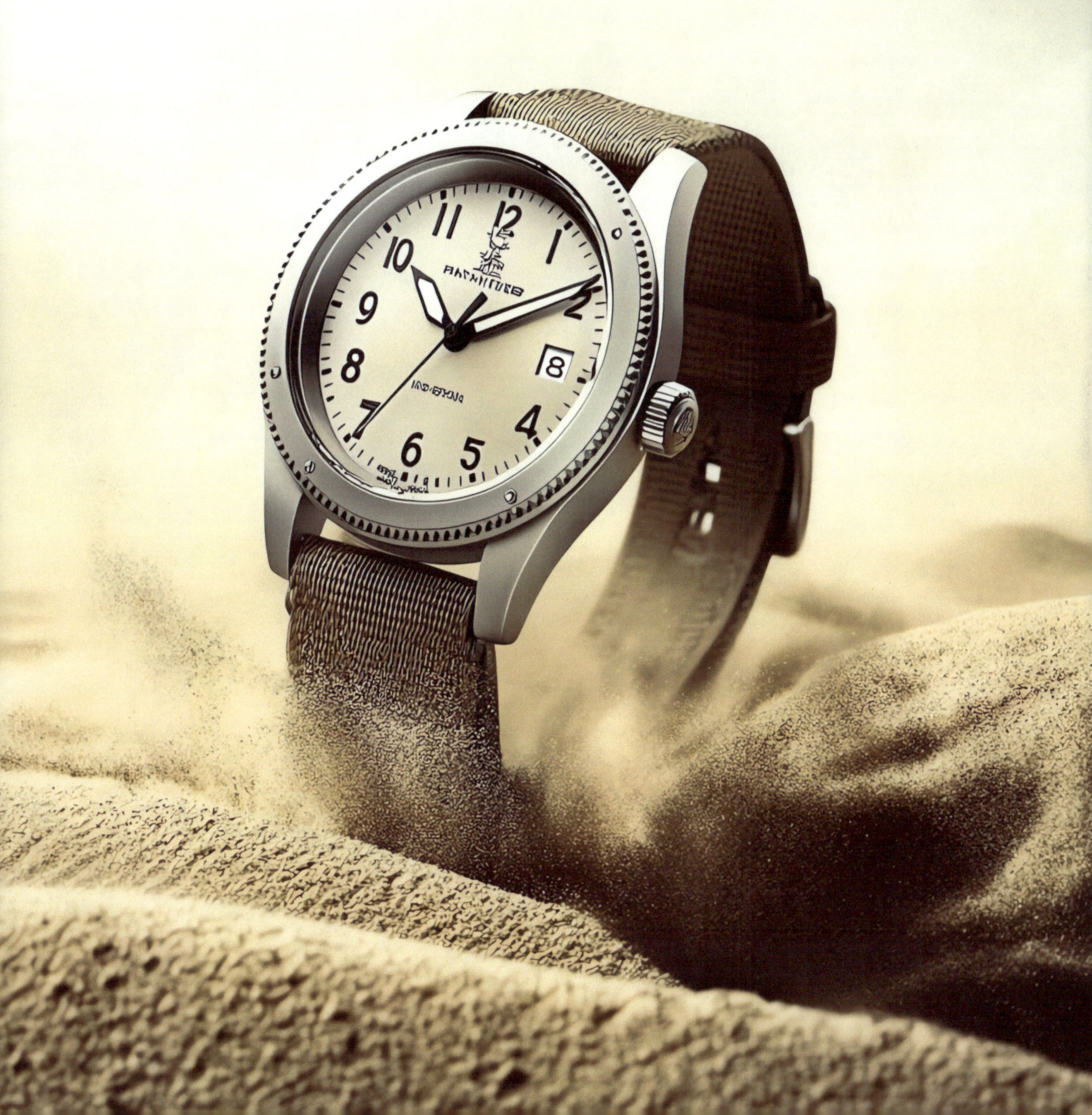

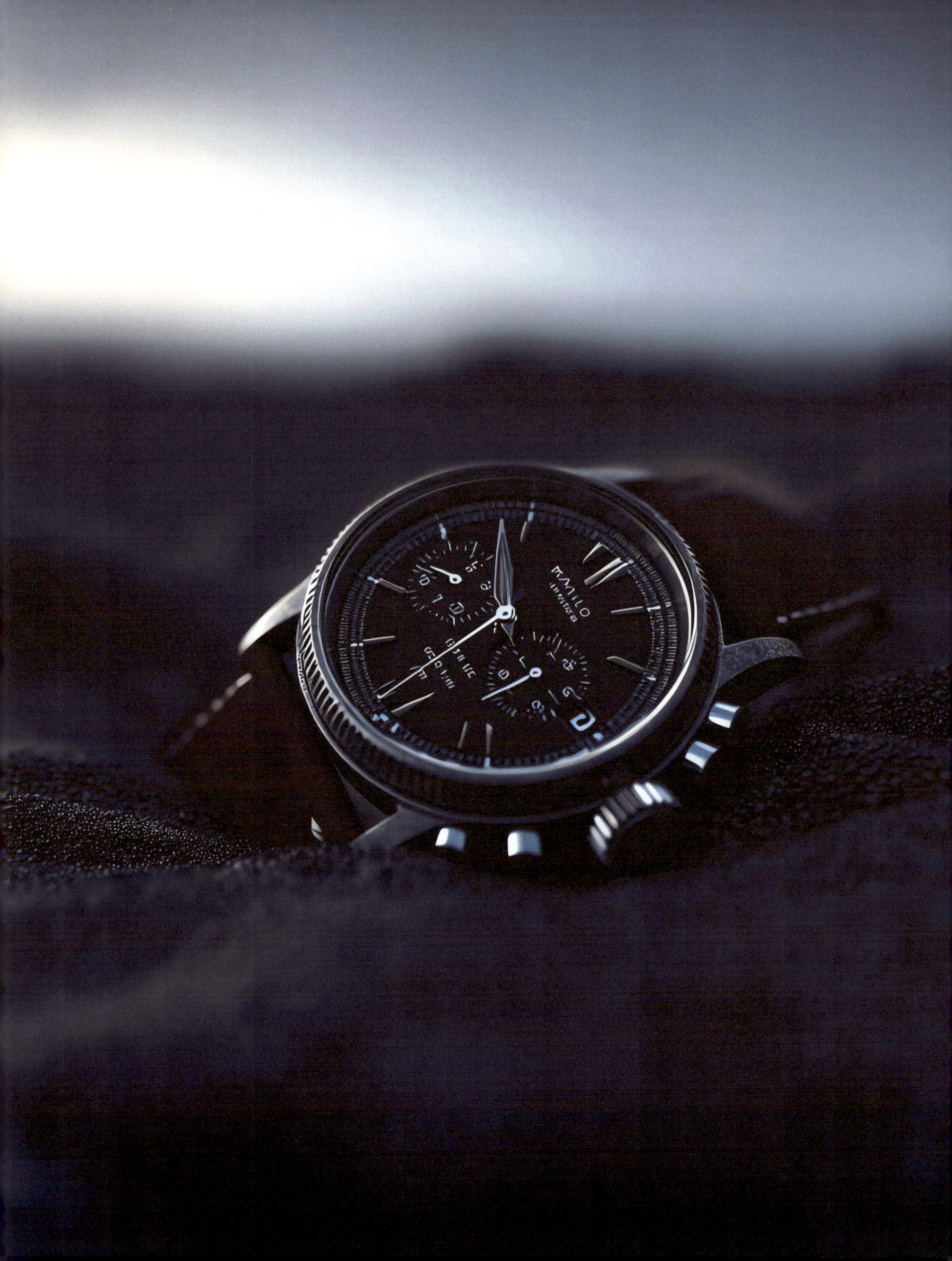

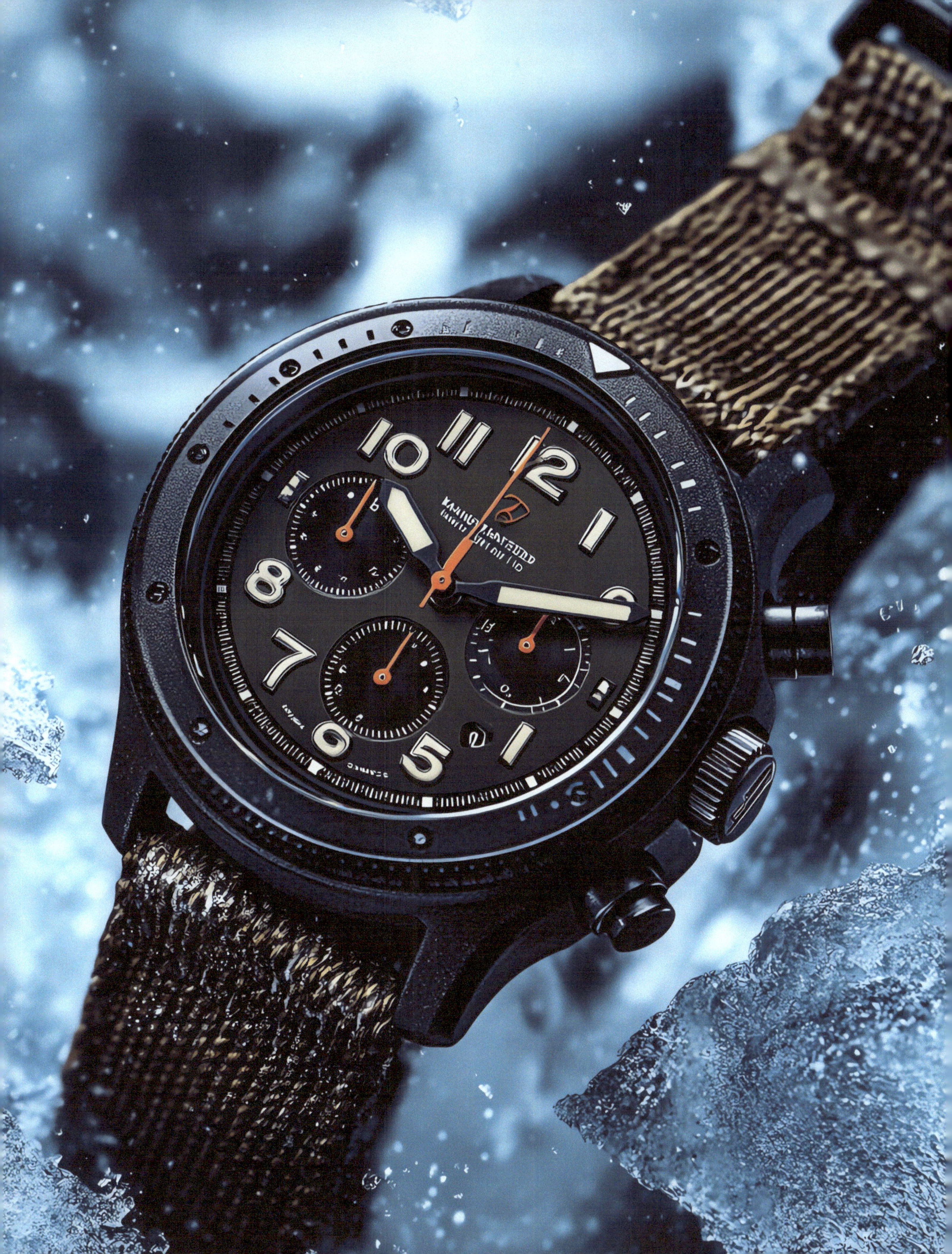

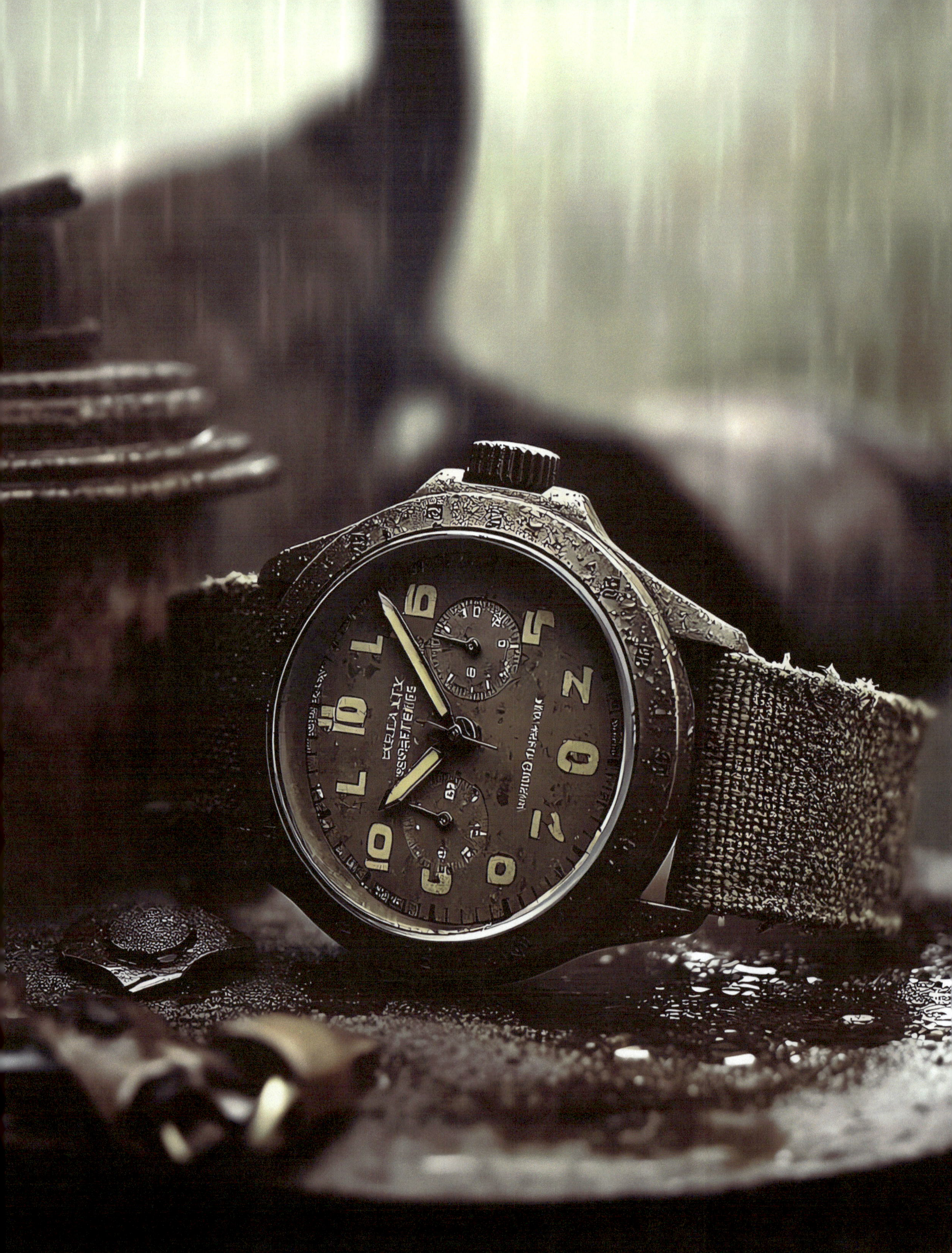

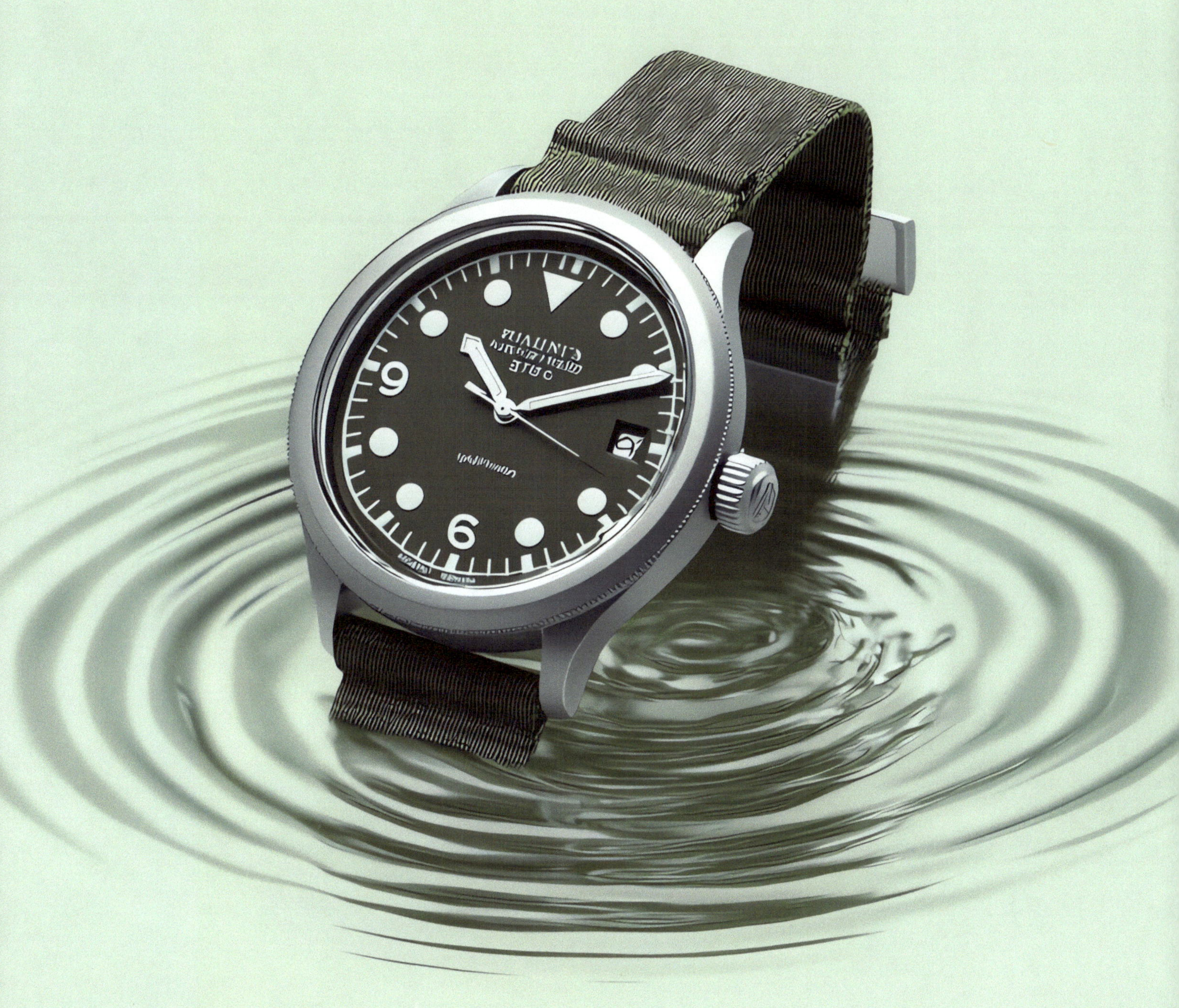

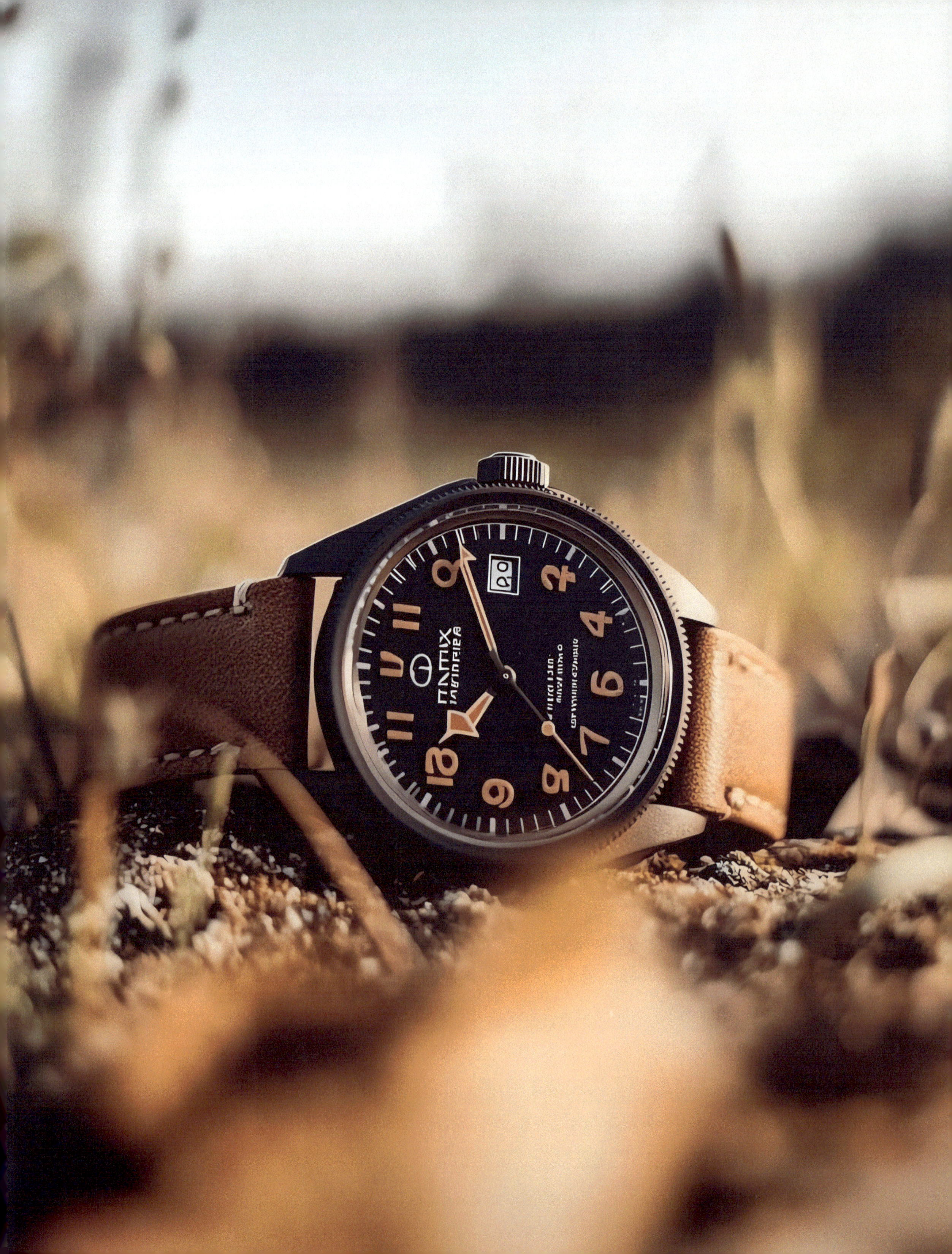

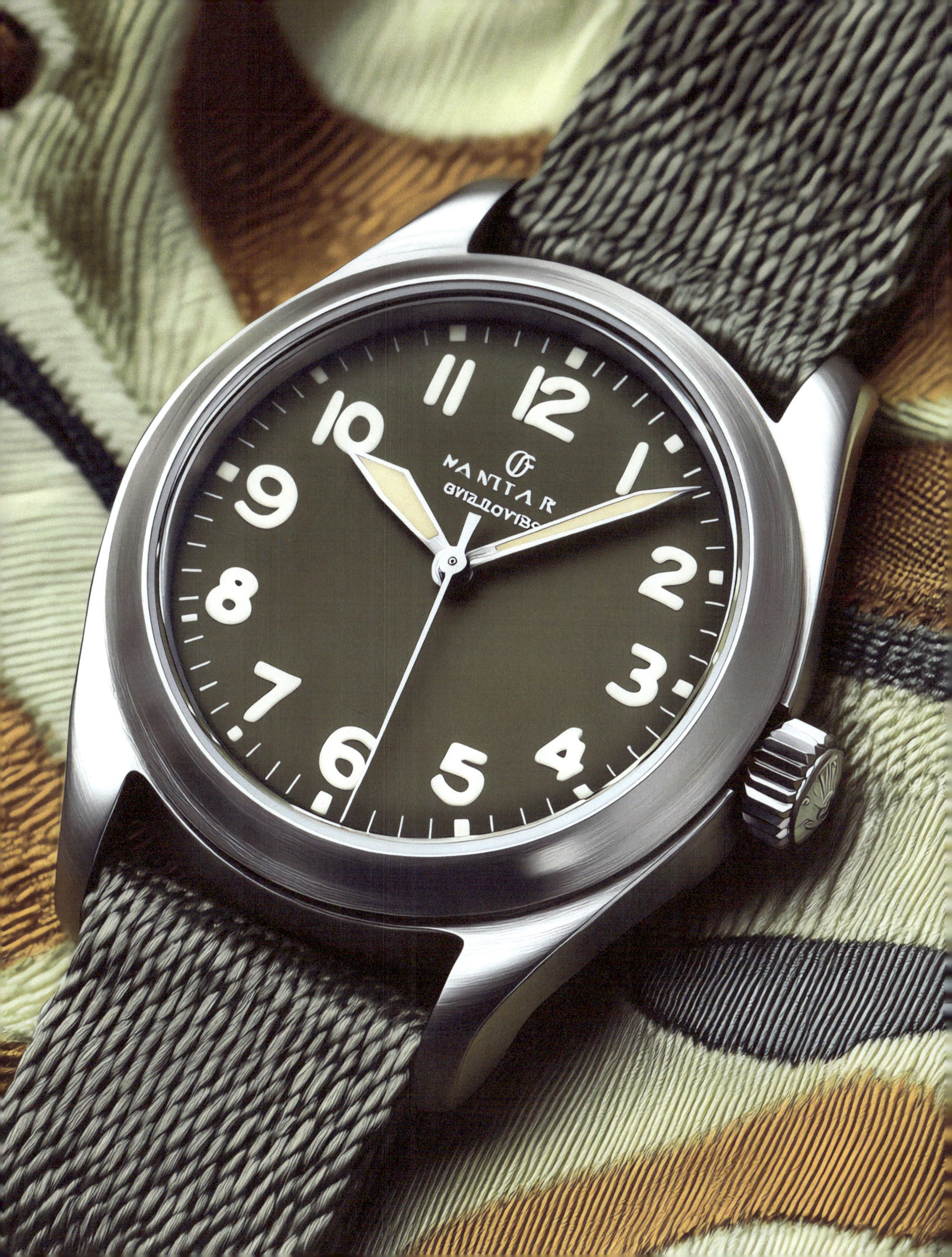

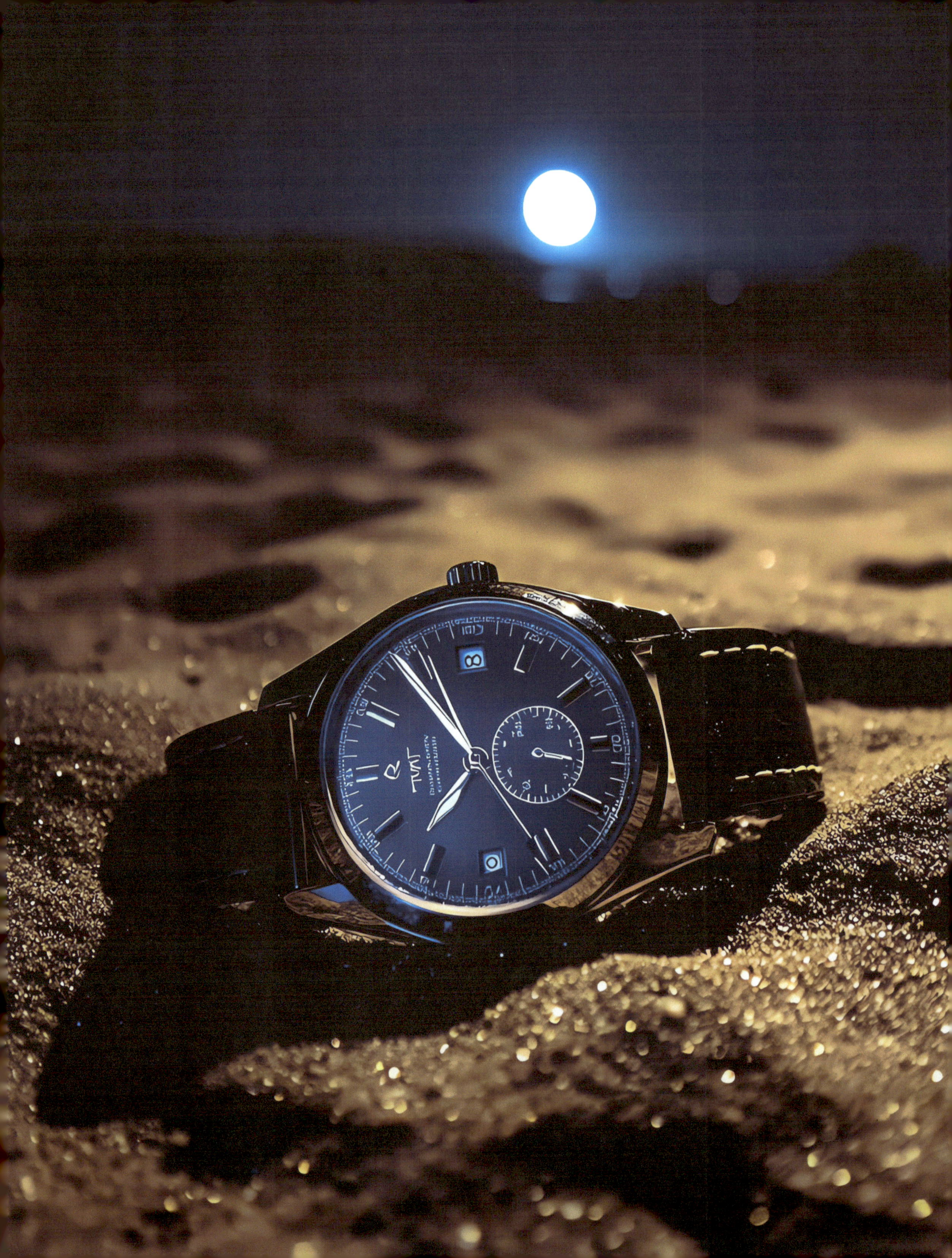

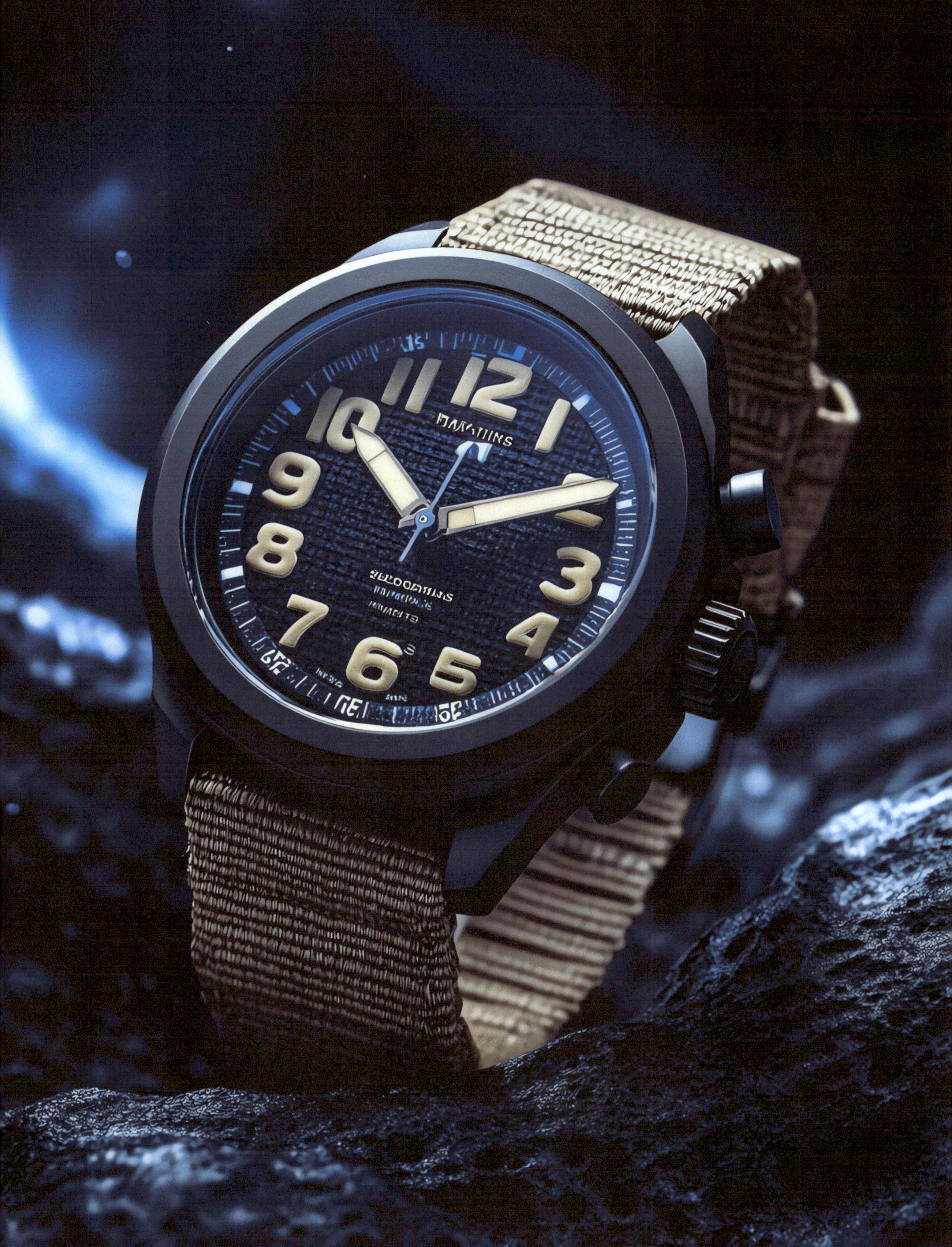

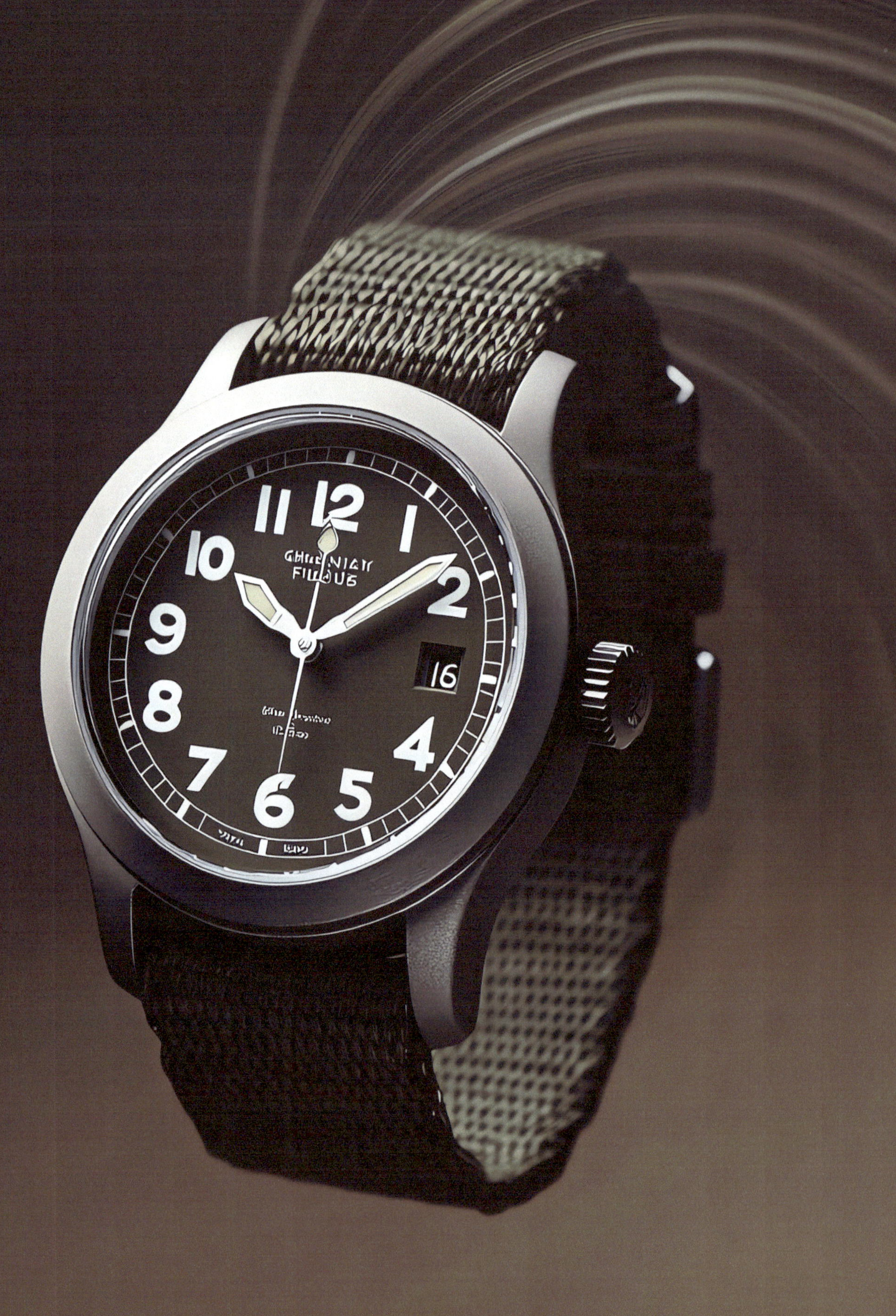

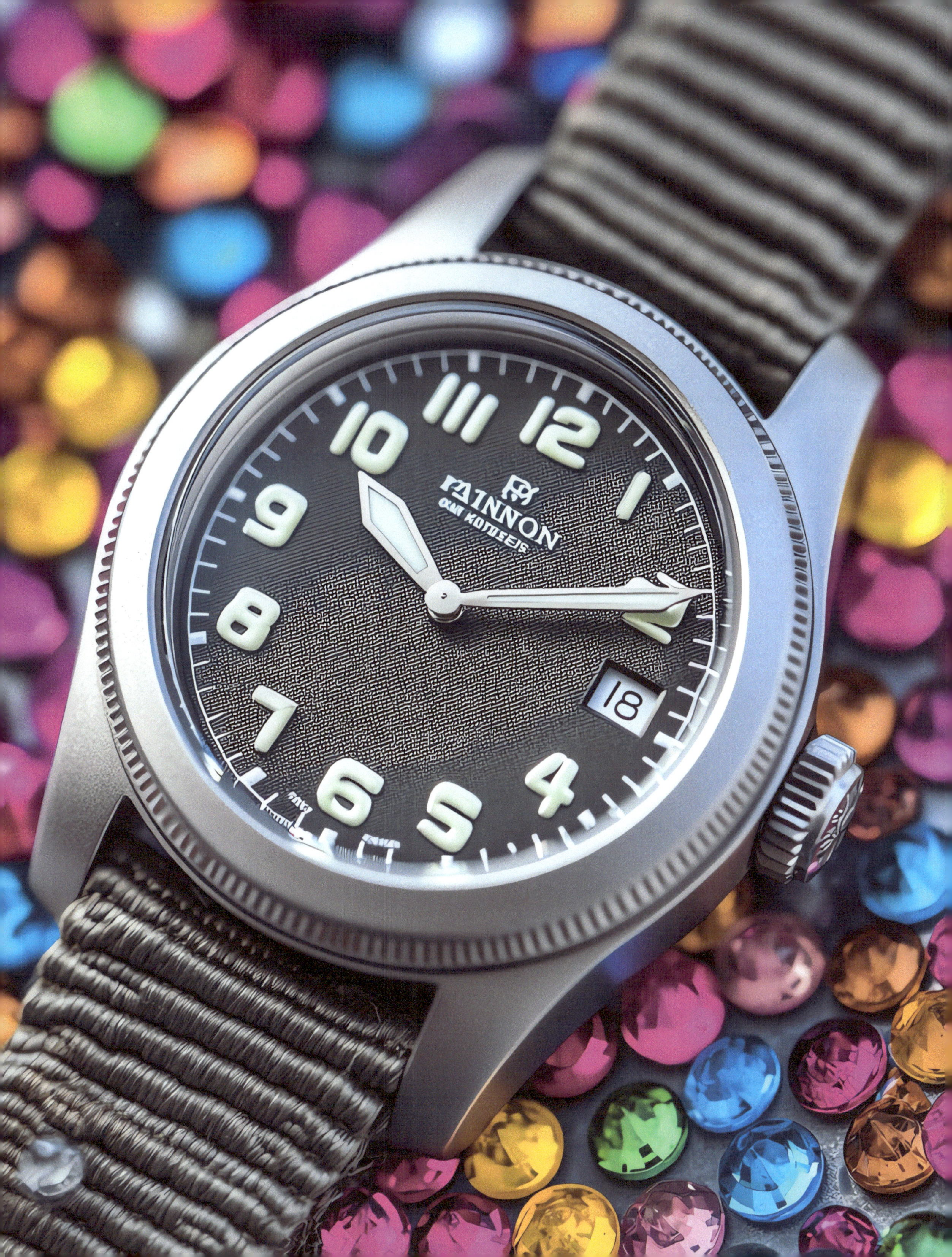

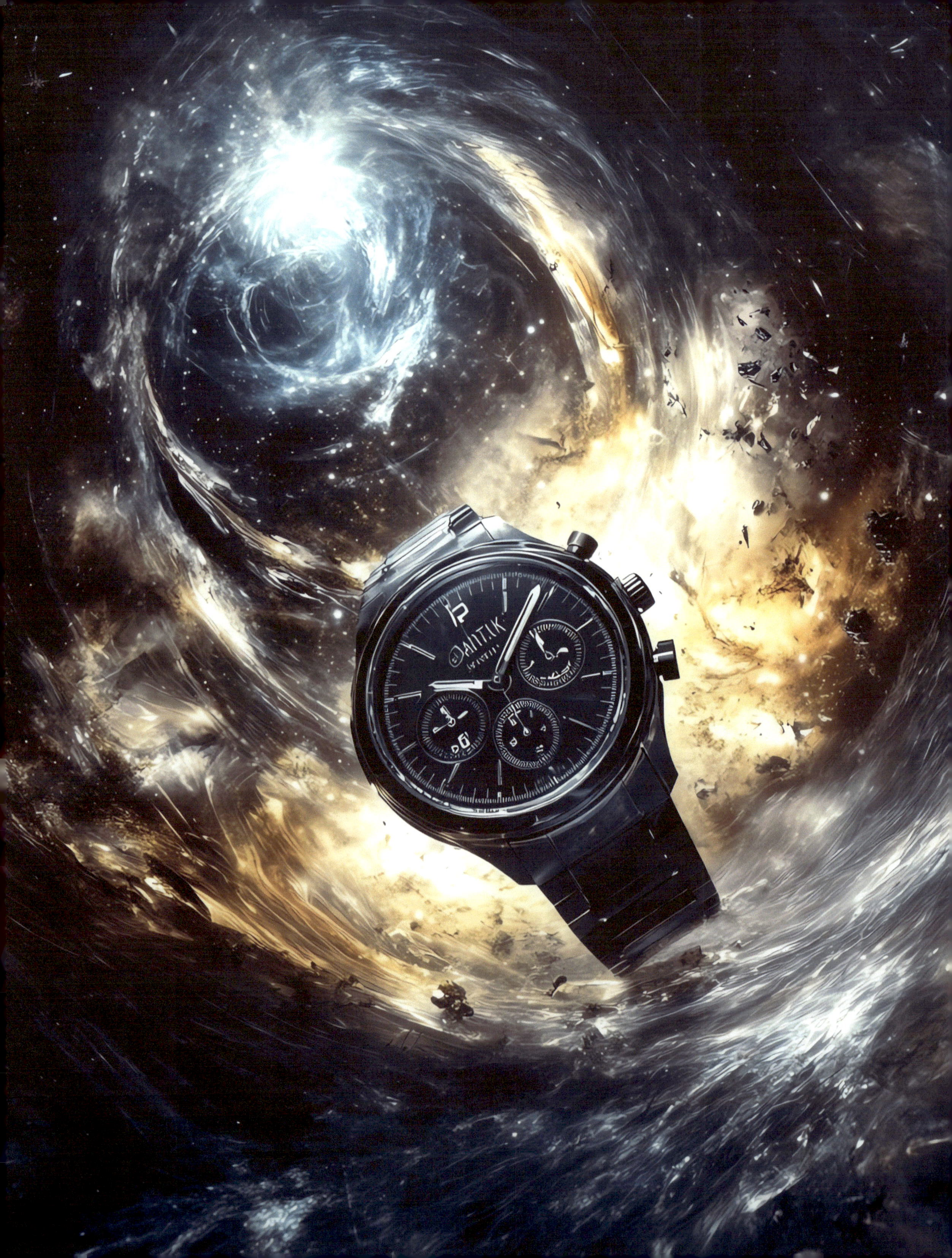